Friedel Hillebrecht

Kaninhop

Kaninhop

Ratgeber für den artgerechten Kaninchensport

Von Friedel Hillebrecht

Oertel + Spörer Verlags-GmbH + Co.

Haftungsausschluss

Die Hinweise in diesem Buch stammen vom Autor.
Es können jedoch keinerlei Garantien übernommen werden.
Eine Haftung des Autors bzw. des Verlages und seiner Beauftragten für Personen-,
Sach- und Vermögensschäden ist ausgeschlossen.

© Oertel + Spörer Verlags-GmbH + Co. · 2003
Postfach 16 42 · 72706 Reutlingen
Alle Rechte vorbehalten
Schrift: 10/12 p Stone
Satz und Repro: Oertel + Spörer Medienservice-GmbH + Co., Reutlingen
Druck: Oertel + Spörer Druck und Medien-GmbH + Co., Reutlingen
Bindearbeiten: Adolf Nill GmbH, Kirchentellinsfurt
Printed in Germany
ISBN 3-88627-706-2

Inhalt

Vorwort

Eine Anregung für Jung und Alt: Das Kaninhop kann sowohl von Erwachsenen als auch von Jugendlichen durchgeführt werden, insbesondere dann, wenn für eine Kaninchenzuchtanlage nicht die Räumlichkeiten vorhanden sind. Zur Sportart Kaninhop genügt bereits ein Kaninchen.

Hier geht es darum, die Eigenarten der natürlichen angeborenen Bewegungen des Kaninchens – das Springen und Hüpfen – weiter auszubauen.

Hier lernt schon der junge Mensch Verantwortung für ein Tier – ein Mitlebewesen – zu übernehmen. Die ständige dauerhafte Pflege ist hier gefordert; denn nur der ständige und dauerhafte Mensch wird im Leben erfolgreich zum Ziel kommen.

Diese Sportart, wie sie auf den folgenden Seiten beschrieben wird, ist für das Kaninchen keineswegs Stress oder Überforderung, sondern nur eine gesteuerte, natürliche Bewegungsform des Kaninchens – die Bewegungsform, die das Kaninchen in freier Wildbahn ohnehin praktiziert.

Mit den Erfahrungen und dem Wissen über das Verhalten der Kaninchen kann auch eine erfolgreiche Rassekaninchenzucht begonnen werden.

Stafstedt, im Februar 2003

Landesverband
Schleswig-Holsteinischer Rassekaninchenzüchter e.V.

Günter Mahrt
1. Vorsitzender

Kaninhop – was ist das?

Der Kaninchenzuchtverein U 31 Eutin geht neue Wege, um die Attraktivität des Kaninchens und damit nicht zuletzt den Verein in der Öffentlichkeit besser darzustellen. Insbesondere durch die Beschäftigung der Mitglieder der Jugendgruppe mit Kaninhop finden Veranstaltungen des Vereins bei der Bevölkerung regeres Interesse. Von Schleswig-Holstein, der Grenzregion nach Däne-mark, haben Kaninchenzüchter über die Grenze geschaut und dort eine nachahmenswerte Beschäftigung der dortigen Kanin-chenzüchter entdeckt, die sowohl dort als auch in Schweden seit Jahren mit Begeisterung betrieben wird.

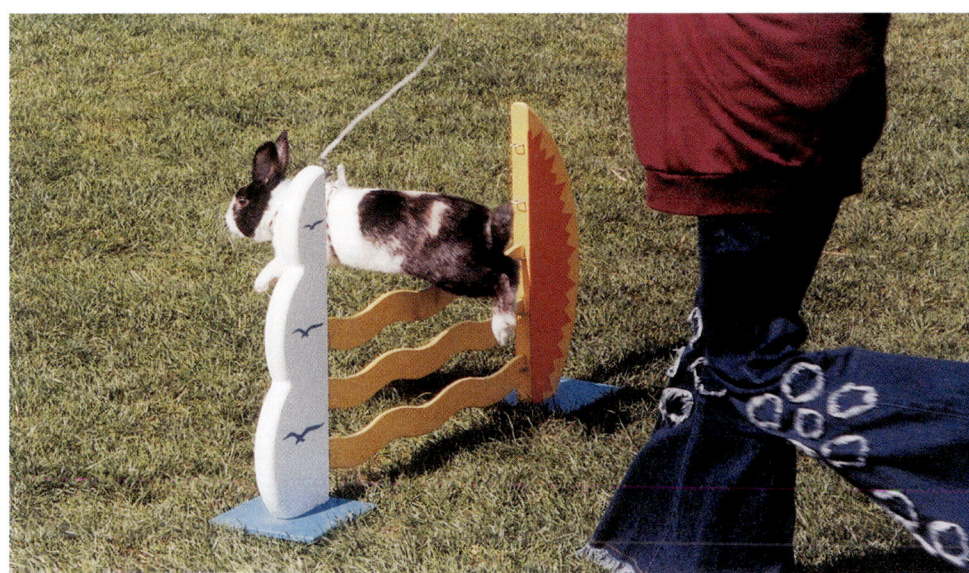

Künstlerisch gestaltetes Hindernis.

Was macht das Kaninchen? Es springt über Hindernisse, während sein Besitzer es an einer Kaninchenleine begleitet.

Was soll Kaninhop? Je mehr man sich mit seinem Kaninchen beschäftigt, umso mehr Spaß hat man mit ihm. Wenn man mit seinem Kaninchen an Kaninhop-Aktivitäten teilnimmt, entsteht **9** ganz von selbst eine enge Beziehung zwischen dem Besitzer und dem Kaninchen. Außerdem trifft man dort viele Leute, die das gleiche Hobby haben.

Wie steht es mit dem Tierschutz? Da Kaninhop die natürlichen Bewegungen des Kaninchens berücksichtigt, macht es den Tieren Spaß über Hindernisse zu springen, außerdem haben sie dabei viel Bewegung und Auslauf.

Wird für die Kaninchenzucht geworben? Bei Kaninchenausstellungen des Eutiner Vereines ist Kaninhop eine weitere Bereicherung der Veranstaltung und das Publikum sieht mit Begeisterung zu, wie die Kaninchen springen. Vorführungen anlässlich einer Sitzung unseres ZDK-Präsidiums bzw. bei Kaninchenschauen, Dorf- und Stadtfesten, Landwirtschaftsausstellungen, Firmen oder dem örtlichen Tierschutzverein haben bei lokalen Zeitungen, national verbreiteten Tier- und Kleintierzuchtfachzeitschriften und diversen Fernsehsendern zu umfangreichen Berichten geführt.

Wer kann mitmachen? Alle, die ein Kaninchen haben. Dabei spielt es keine Rolle, ob es sich um Kaninchenhalter, insbesondere Kinder und Jugendliche, handelt, die zum Teil nur ein nicht reinrassiges Zwergkaninchen besitzen. Sie alle entdecken den Verein und können mitmachen. Auch die Eltern sind interessiert und machen bei Veranstaltungen mit.

Die Anfänge des Kaninhop (auf Schwedisch Kaninhoppning) liegen in Schweden und sind eng verbunden mit Lisbeth Jansson aus Kil. Vor ca. 25 Jahren begannen dort einige Züchter ihre Kaninchen über Hindernisse springen zu lassen. Dänische Kaninchenzüchter übernahmen es von den Schweden. Neben der Vielfalt an Farben und Formen bei den einzelnen Kaninchenrassen haben die Skandinavier mit Kaninhop eine weitere interessante Variante unter Einbeziehung der Bewegung des Kaninchens entwickelt. Meine Familie lernte Kaninhop 1995 bei dem Restprogramm der ausgefallenen Europaschau in Horsens kennen und war so begeistert, dass wir auch damit begannen.

Weiteres, insbesondere auch schöne Fotos von Hindernissen, kann der Homepage von Aase Bjerner (http://hjem.get2net.dk/Bjerner) aus Dänemark entnommen werden.

Wie das Wildkaninchen zum Haustier wurde

Wer ein Kaninchen halten möchte, sollte auch etwas über die Bedürfnisse des Kaninchens wissen. Der Besitzer eines Kaninchens kann durch Kenntnisse und deren Umsetzung über die Haltung, Fütterung und den Umgang mit dem Kaninchen mit dazu beitragen, dass das Kaninchen sich wohl fühlt. Tierliebe allein führt ohne weiter gehende Kenntnisse über Lebensbedingungen und Umgangsmethoden für das Kaninchen zum Unwohlsein und damit auch für den Besitzer zu Enttäuschungen.

Zum artgerechten Umgang sind ein Blick auf die natürlichen Lebensweisen des Wildkaninchens und Kenntnisse über die Entwicklung zum Haustier recht nützlich.

Bemerkenswerterweise zeigen die meisten der zu Haustieren gewordenen Säugetiere, eine Ausnahme ist die Katze, ein ausgeprägtes Sozialverhalten. Fast alle zu Haustieren gewordenen Wildtiere lebten in der Steinzeit, als die Haustierwerdung begann, in Gruppen oft in der Nähe menschlicher Behausungen mit einer festen Hierarchie. Dadurch gewöhnten sie sich langsam an die Nähe von Menschen, was die Zähmung und spätere Züchtung erleichterte. Die ursprünglichen Gründe für eine Zähmung und Haltung von Wildtieren (Domestikation) durch den Menschen waren anfangs fast ausschließlich wirtschaftlicher Art. Sie wurden als Lieferanten von Nahrung und Kleidung gehalten. Erst später kamen Zug- und Tragtiere sowie der Hund als Jagdbegleiter und Hütehund sowie das Reitpferd dazu. Die Haltung von Wildtieren aus reiner Liebhaberei begann oftmals erst vor wenigen Jahrhunderten oder Jahrzehnten.

Bei den Wildtieren überleben und vermehren sich nur die am besten an den Lebensraum durch Farbe oder Verhalten angepassten Tiere einer Art. Das Haustier hingegen lebt im Schutze des Menschen. Ob Verhaltensweisen, Farben, Größen oder andere Eigenschaften erhalten bleiben, das entscheidet der Mensch. Was ihm gefällt, das zieht er auf und züchtet damit weiter. Statt der an den Lebensraum angepassten Wildtiere bleiben so viele verschiedene Merkmale erhalten und werden gezielt weiterentwickelt. **11**

Beim Kaninchen hat die Haustierwerdung erst relativ spät durch die Römer begonnen. Zu dieser Zeit war das Wildkaninchen in Europa nur in Spanien beheimatet. Die Römer nannten das Kaninchen Cuniculus, abgewandelt von Cuniculi, den unterirdischen Gängen, die bei der Belagerung von Städten gegraben wurden. Um sie besser für kulinarische Zwecke verwenden zu können, wurden sie in großen Gehegen, so genannten Leporarien, gehalten. Mithilfe des Menschen breiteten sich die Wildkaninchen über den gesamten Mittelmeerraum aus. Aufgrund ihrer starken Vermehrungsrate und mangels natürlicher Feinde wurden sie vielerorts zur Landplage. So auch auf den Balearen, wo die Bewohner Kaiser Augustus um militärische Hilfe gegen die die Felder verwüstenden Nager baten. Auch in Deutschland gab es durch ausgesetzte Nager des Öfteren Kaninchenplagen. So in den Dünen von Warnemünde im 17. Jahrhundert oder auf den Friesischen Inseln. Küstenschutzmaßnahmen wurden im wahrsten Sinne des Wortes von den Kaninchen untergraben.

Die große Anpassungsfähigkeit des Kaninchens hat dazu geführt, dass sie in fast jedem Lebensraum, in den sie gesetzt wurden, zurechtgekommen sind. So beispielsweise auch auf den unbewohnten Kerguelen, einer Inselgruppe in der Nähe der Antarktis, wo auch im Sommer Temperaturen herrschen, die nur wenige Grad über dem Gefrierpunkt liegen. 1874 wurden sie dort von englischen Seefahrern ausgesetzt, um Walfänger und Fischer, die diese Inseln gelegentlich anlaufen, mit frischem Fleisch zu versorgen. Die Aussetzung des Kaninchens hat hier sogar zu einer Änderung der dort vorkommenden Pflanzen geführt. Der früher auf diesen Inseln in großen Mengen vorkommende Kerguelenkohl ist vom Kaninchen fast ausgerottet worden. Seitdem fressen im Winter die Kerguelen-Kaninchen hauptsächlich den bei Sturm ans Land geworfenen Riesentang.

Man geht davon aus, dass es in Mitteleuropa mit der Zunahme der Zuchten seit dem Mittelalter fast keine echten Wildkaninchen mehr gibt. Die bei uns wild lebenden Kaninchen sollen fast alle von zahmen Vorfahren abstammen. Noch heute kommt es vor, dass Hauskaninchen in der Freiheit sehr schnell verwildern und sich problemlos mit den wild lebenden Kaninchen paaren. Daher treten in unserer Region in verstärktem Maße immer mal wieder wilde Kaninchen-Jungtiere in anderen Farben als grau auf.

Das Geselligkeit liebende Kaninchen legt besonders gern in trockenem, sandigem Gelände an Hängen und Böschungen, insbesondere auch an Feld- und Wiesenrändern, seine Erdbauten – oft zahlreich nebeneinander – an. Im Normalfall gehören mehrere ältere Häsinnen und deren Jungtiere sowie ein Rammler zu einer Lebensgemeinschaft. Sie bilden jedoch keine Großfamilien. Die Häsinnen haben untereinander eine Rangordnung. Der stärkere Rammler ist gegenüber allen Häsinnen und ihren Jungtieren tolerant. Gegenüber anderen geschlechtsreifen Rammlern verteidigt

Geschafft . . . ohne Fehler.

er sein Revier. Bei unvermeidlichen Kämpfen unter geschlechtsreifen Rammlern sind Verletzungen keine Seltenheit. Für Ruhephasen im Freien bevorzugen sie geschützte Orte, die sie gut überblicken können. Sie sammeln sich dort, wo schon andere Kaninchen liegen. Auch Körperkontakt zu anderen Tieren lieben sie. Trotzdem beanspruchen sie auch ein Einzelterritorium, das sie notfalls auch verteidigen. Sie lieben den Kontakt zu anderen Tieren ebenso wie auch das Alleinsein.

13

Das Kaninchen ist in der Natur ein Beutetier des Raubwildes und entzieht sich seinen zahlreichen Feinden durch Flucht. Das sprintschnelle Kaninchen ermüdet jedoch nach kurzer Zeit. Ein Grund, weshalb sich das Kaninchen ungern weit vom schützenden Bau entfernt. Um die Umgebung besser überblicken zu können, stellen sie sich auf die Hinterläufe. Durch lautes Klopfen mit den Hinterläufen warnt das Kaninchen seine Artgenossen bei Gefahr. Beim Ertönen dieses Warnsignals verschwinden die in der Nähe befindlichen Tiere rasch in ihrem Bau.

Am Anfang der Kaninchenhaltung stand, wie bereits oben erwähnt, die Gehegehaltung von Wildkaninchen. Insbesondere an den Fürstenhöfen gab es zu Jagdzwecken Kaninchengehege. Wo es möglich war, benutzte man kleinere Inseln in Seen oder Flüssen (Kaninchenwerder), errichtete einen künstlichen Wassergraben oder umzäunte ein Gelände mit einer 2 m hohen Mauer mit 1 m tiefem Fundament. Hier wurden die Kaninchen noch nicht gezähmt; sie fanden im Gehege möglichst naturnahe Lebensbedingungen vor. Der Mensch half den Tieren gegen die natürlichen Feinde und versorgte sich selbst mit Nahrung. In den abgeschlossenen Klosterhöfen wurde erstmals das Kaninchen zu einem Leben oberhalb der Erde gezwungen, da die Mönche ungeborene Feten oder gerade geborene Jungtiere in der Fastenzeit als Delikatesse begehrten. Durch die Mönche gab es daher auch die erste Auswahl an Zuchttieren, da sich weniger scheue Tiere besser zur Haltung eigneten. Die ersten in Deutschland gehaltenen zahmen Kaninchen hat sich um 1150 ein Abt aus dem Benediktinerkloster Corvey an der Weser aus einem französischen Bistum schicken lassen. Aber erst ab dem 15. Jahrhundert gibt es mehr Informationen über die Kaninchenzucht, die zur damaligen Zeit in Kaninchengärten, aber auch schon in geschlossenen Räumen gehalten wurden. Im 16. Jahrhundert gab es schon Kaninchen in verschiedenen Farben, die offensichtlich auch schon größer als Wildkaninchen gewesen sind.

Die große Rassenvielfalt bei unseren Hauskaninchen ist das Ergebnis der Zuchtauswahl durch den Menschen. Die einzelnen Rassemerkmale, sei es Größe, Farbe, Haarstruktur oder Verhalten, sind jedoch nicht das Ergebnis von Haltungs-, Fütterungs- oder Umweltbedingungen. Neue Rassemerkmale können nur durch sprunghafte Veränderungen der Erbanlagen (Mutationen) entstehen. Wenn eine neue Erscheinungsform für den Züchter interes-

14

sant war und er mit diesen Tieren weiterzüchtete, haben diese Erbanlagen unter Umständen zu einer neuen Rasse geführt.

Das erste Merkmal, das das Wildkaninchen im Laufe der langen Zeit der Haustierwerdung verloren hat, war die Wildheit. Der Verlust der Scheu, das Zahmwerden, war eine Vorbedingung auf dem Weg zum Haustier. Zahm ist das Kaninchen durch einen Verlust an Gehirnfunktionen geworden, die sich auf die Sinnesorgane auswirken. Das in der menschlichen Obhut befindliche Kaninchen hat keine Feinde abzuwehren, der Erwerb der Nahrung wird einfacher, die Jungen brauchen weniger Schutz usw. Das Gehirn des Wildkaninchens ist daher auch um ca. 20 Prozent schwerer als das eines gleich großen Hauskaninchens. Bei verschieden großen Hauskaninchen ist auch das Gehirn des größeren Kaninchens nicht entsprechend dem Mehrgewicht größer.

Das Sehvermögen des Wildkaninchens dürfte aufgrund des erheblich größeren Auges gegenüber dem Hauskaninchen auch besser sein. Ebenso hat sich das Gehör des Hauskaninchens verschlechtert, obwohl die Ohrlänge bei den meisten Rassen zugenommen hat. Aufgrund der Zahl der Geschmacksknospen auf der Zunge kann das Hauskaninchen auch weniger schmecken. Das

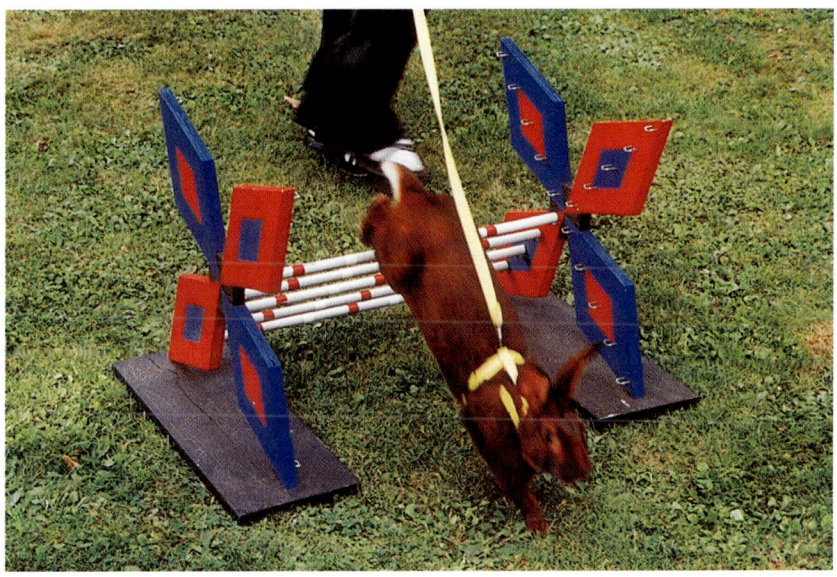

Das nach hinten ansteigende Hindernis erlaubt noch weitere Erhöhungen.

Herz des Wildkaninchens ist durchschnittlich um fast 40 Prozent größer als das eines gleich großen Hauskaninchens. Das Fell, der Darminhalt und gewisse Muskelgruppen sind beim Hauskaninchen ausgeprägter. Bemerkenswert ist die Steigerung der Fruchtbarkeit beim Hauskaninchen. Bei größeren Rassen sind Würfe über 10 Jungtiere keine Seltenheit. Wildkaninchen bringen es dagegen nur auf 6 bis 8 Junge pro Wurf. Auch kann das Hauskaninchen das ganze Jahr über Junge bekommen. Allerdings werden auch die Hauskaninchen-Häsinnen zu jener Zeit am ehesten tragend, zu der auch die Wildkaninchen ihre Jungen bekommen.

Durch das Aussetzen von Hauskaninchen sind fast auf der gesamten Erde mittlerweile wilde Kaninchen zu finden. Diese weltweite Verbreitung zeigt, wie anpassungsfähig diese Tierart ist. 1859 wurden in Australien einige Hauskaninchen von englischen Siedlern ausgesetzt. Sie wurden innerhalb kurzer Zeit zu einer Landplage, die erst durch eine Viruskrankheit (Myxomatose) gestoppt werden konnte. Das im australischen Busch verwilderte Hauskaninchen hat eine ganz andere Lebensweise angenommen und einen veränderten Körperbau erhalten.

Aufgrund der guten Anpassungsfähigkeit der Kaninchen kann nicht ausgeschlossen werden, dass sich bei einer größeren Verbreitung von Kaninhop im Laufe der Zeit durch gezielte züchterische Auswahl von geeigneten Kaninchenrassen, aber auch durch den Einsatz der besten Hopkaninchen zur Zucht, erbfeste Hopkaninchenbestände herauskristallieren. Zurzeit gibt es diese Bestände jedoch noch nicht. Es gibt innerhalb der verschiedensten Kaninchenrassen einzelne, für Kaninhop geeignete Tiere.

Verständigung mit dem Kaninchen

Kaninchen haben im Gegensatz zu anderen Tierarten nur wenig Möglichkeiten, sich durch Laute äußern zu können. Daher sollte der Begleiter beim Kaninhop neben den Lauten auch auf die Körpersignale des Kaninchens achten. Wie die Wildkaninchen, die durch ihr ausgezeichnetes Gehör ihre Feinde bemerken, verfügen auch die Hauskaninchen über ein gutes Hörvermögen und können die verschiedensten Laute gut unterscheiden. Der Geruchssinn ist nicht besonders ausgeprägt.

Nun ist nicht ein Kaninchen wie das andere. So kommt es, dass auch die geäußerten Laute oder andere Körpersignale nicht bei allen Kaninchen gleich sind oder sich auch die Möglichkeiten einzelner Tiere unterscheiden. Beispielsweise können die folgenden Signale die nachfolgende Bedeutung haben:

Brummton beim Rammler	Werbung um eine Häsin, Brunstgehabe
Fiepton bei Häsin	Signal an Rammler, dass es an Paarungsbereitschaft mangelt
Knurren bei beiden Geschlechtern	Kommt insbesondere im Stall vor. Unmut über Störung, kündigt Angriffsbereitschaft an.
Quieken	Schmerz oder auch panische Angst
Klopfen mit den Hinterläufen	Warnung der anderen Kaninchen vor möglichen Feinden; oder Zeichen der Aufregung
Angelegte Ohren, unter Umständen verbunden mit Abducken an Gegenstände	Anspannung vor bevorstehendem Angriff; oder Zeichen der Angst

Ohren in gezielte Richtung drehen, Männchenmachen	Kann Neugierde bedeuten, orten von Geräuschen, kann auch Unsicherheit wegen möglichem Feind bedeuten (verbunden mit Klopfen der Hinterläufe) und bevorstehende Flucht
Reiben der Kinnunterseite beim Rammler	Zeichen des Besitzanspruchs oder auch Zuneigung
Harnverspritzen durch Rammler	Gebietsanspruch (Käfig), Dominanzverhalten
Verspritzen von Harn bei Häsin	Signal der Paarungsbereitschaft
Steil aufgerichtete Blume bei leicht angehobenem Hinterteil bei Häsin	Signal der Paarungsbereitschaft
Buddeln	Besitzanspruch an Territorium
Riechen am Harn anderer Kaninchen, insbesondere durch Rammler	Paarungssuche
Wegschubsen von Gegenständen mit der Schnauze	Ablehnung
Luftsprung mit leichter Körperdrehung	Ausdruck der Freude
Wegschlagen von Hindernisstangen mit Hinterläufen	Ablehnung oder Wutausbruch
Lecken anderer Kaninchen oder Hände	Zuneigung
Schütteln der Vorder- oder Hinterläufe wegen Nässe	Unbehagen

Volle Konzentration vor dem Start für Hopkaninchen und Begleiterin.

Egal, ob es sich um die Ausbildung von Hunden, Pferden, Zirkustieren oder auch Kaninchen handelt, immer muss sich der Ausbilder mit den Verhaltensweisen jedes einzelnen Tieres auseinander setzen. Es können schon ganz einfache Regeln sein, die das Tier erkennt und mit dem das Verhalten des Tieres gesteuert werden kann. Beispielsweise führt auf vielen Hühnerhöfen der Ruf „Putt, Putt, Putt" dazu, dass die Hühner angelaufen kommen und Futter erwarten. Hier wird durch den Menschen der Lockruf des Hahnes nachgeahmt. Einem Hund, der im Rudel einen bestimmten Platz in der Rangordnung innehat, wird durch die regelmäßige Benutzung von Befehlen des ranghöheren Menschen wie „Sitz" oder „Bei Fuß" ein entsprechendes Verhalten andressiert. Eine Dressur kann daher durchaus auch im Interesse des Tieres sein, da das Zusammenleben zwischen Mensch und Tier vielfältiger und damit auch für das Tier interessanter und angenehmer wird.

Eine tiergerechte Ausbildungsmethode muss auf den Verhaltensweisen des Tieres in seinem natürlichen Lebensraum aufbauen, da dann die natürliche Lernfähigkeit des Tieres genutzt werden kann. Dies ist auch beim Kaninchen der Fall.

Da für Kaninchen das Sinnesorgan Ohr eine herausragende Bedeutung hat, ist das Hören für das Kaninchen für die Verständigung von besonderer Bedeutung. Daher sollte man das Kaninchen ansprechen, wenn man sich der Unterkunft des Tieres nähert oder es beispielsweise anfassen oder anheben möchte. Vertraute Töne schaffen für das Kaninchen Sicherheit und bei regelmäßig wiederkehrenden Handlungen und den gleichen Tönen lernt das Kaninchen allmählich, was man von ihm will. Dabei kommt es nicht auf die Lautstärke an, sondern ein leiser und ruhiger Ton erfüllt viel eher den Zweck bei dem gut hörenden Tier. So lernt es, wann es Futter bekommt, wann es angeleint wird oder auch, wann es über Hindernisse springen kann.

Die dem Kaninchen angeborene Schreckhaftigkeit kann so erheblich reduziert werden und das Kaninchen kann sich auf andere Sachen konzentrieren, die ihm Spaß machen.

Beim Kaninhop kann gerade das gute Gehör des Kaninchens direkt vor dem Hindernis zur Unterstützung des richtigen Absprungzeitpunktes genutzt werden. Ein gleich bleibendes Wort wie „Hepp", „Heppedie", „Spring" oder „Hopp" sowie ein Schnalzen mit der Zunge sind Laute, die man von Begleitern oft hört.

Unterkunft der Hopkaninchen

Kaninhop richtet sich nicht nur an Kaninchenzüchter, sondern auch an die Halter von Heimtieren, die in ihrer häuslichen Umgebung einige wenige Tiere halten und diese entsprechend intensiv betreuen. Kaninhop-Kaninchen sind Tiere, die sich gern bewegen, ansonsten sind sie für Kaninhop ungeeignet. Hierzu muss das Tier ganztags auch ausreichend Gelegenheit haben. Daher gehört ein entsprechend großer und auch hoher Stall dazu, der dem Tier sowohl mindestens zwei bis drei Hoppler in eine Richtung als auch „Männchenmachen" erlauben muss. Das bedeutet, dass der Stall für ein Zwergkaninchen (Farbenzwerg oder Hermelin) mindestens 100 cm lang, 60 cm tief und 45 cm hoch sein sollte. Dem zuvor im Kapitel „Wie das Wildkaninchen zum Haustier wurde" erläuterten Verhalten der Wildkaninchen zufolge lebt das Kaninchen sowohl unterirdisch als auch überirdisch. Daher sollte das Kaninchen auch im Stall die Möglichkeit haben, sich sowohl in einem Bau – Schlafhöhle – als auch auf einem erhöhten Liegeplatz aufhalten zu können. Bei etwas mehr als der erforderlichen Mindestlänge kann das Kaninchen durch ein 10 cm hohes, quer durch den Stall verlaufendes Brett ebenfalls zu kleineren Sprüngen animiert werden. Durch den erhöhten Liegeplatz bzw. durch das Querbrett trainiert das Kaninchen nebenbei auch noch seine Sprungmuskeln.

Selbstverständlich sind auch die Stallanlagen der Kaninchenzüchter geeignet, die meist keine zum Springen anreizenden Einbauten haben.

Regelmäßiger Freigang an der Leine oder eine kurze Zeit lose im Freien sind für das Kaninchen eine besondere Freude und werden gern angenommen. Wenn ein Kaninchen Freilauf beispielsweise beim Füttern gewohnt ist, ist das Tier kaum noch im Stall zu halten, sobald die Stalltür geöffnet wird und das Tier herausspringen kann. Aufgrund der Standorttreue wird sich das Kaninchen in der Regel auch nicht allzu weit vom Stall entfernen. Es sei denn, es kennt auch die weitere Umgebung. Ich habe meine Kaninchenställe an zwei verschiedenen Stellen auf dem Grundstück in etwa 60 m Entfernung. Da die Tiere regelmäßig an der Leine von einem Stall zum anderen geführt werden, ist ihnen der Weg bekannt.

21

Wenn ein Kaninchen mal nicht zu finden ist, ist es fast immer zum anderen Stallstandort gelaufen. Weniger gute Erfahrung machen meist Kaninchenhalter, die ihre Tiere über längere Zeit ohne Beobachtung frei laufen lassen. Sie werden sehr schnell, möchten sich die Freiheit nicht nehmen lassen und reagieren beim Greifen oft aggressiv nach dem Motto, hier will mir einer meine Freiheit

Der etwas erhöhte Liegeplatz wird gern angenommen und unterstützt den Bewegungsdrang der Kaninchen.

nehmen. Außerdem reagieren manche Kaninchen auch ungehalten, wenn sie statt des Freilaufes mit einem Mal an der Leine laufen sollen. Schließlich kann auch ein Kaninchen feststellen, dass ihm Freilauf mehr Spaß macht, als an der Leine zu laufen und beim Kaninhop einen ständigen Begleiter neben sich zu haben, der dem Kaninchen auch noch zu verstehen gibt, über welches Hindernis es springen soll.

Weiterhin kommt beim Freilauf im Haus noch das Problem mit dem Nageverhalten dazu, das bei Elektrokabeln, giftigen Zimmerpflanzen oder schwer zugänglichen Stellen hinter Möbeln zu schweren gesundheitlichen Schäden oder tödlichen Unfällen führen kann. Grundsätzlich ist ein hoher Erlebniswert der Unterkunft anzustreben, damit das Kaninchen neugierig wird und möglichst viel Anregungen bekommt.

Wer seinem Hopkaninchen Freilauf geben möchte, sollte es nicht länger als fünf, maximal zehn Minuten am Tag frei laufen

Das kleine Querbrett (rechts) erlaubt ein artgerechtes Sprungmuskeltraining.

lassen. Wenn der Besitzer feststellt, dass sich das Kaninchen durch aggressives Verhalten oder Wildwerden verändert, kann es an zu viel Freilauf liegen.

Die Haltung von mehreren Kaninchen in einem Käfig ist oft problematisch, da die Tiere durch den beengten Käfig nicht auf Distanz gehen können. Auf der anderen Seite gibt es jedoch keine bessere Möglichkeit Käfiglangeweile zu verhindern als ein paaweises Zusammenleben. Am ehesten gelingt dies mit Wurfgeschwistern unterschiedlichen Geschlechts; der Rammler muss jedoch kastriert werden. Hin und wieder leben auch zwei Geschwister- **23** häsinnen zusammen, ohne dass es zu aggressivem Verhalten kommt. Das gemeinsame Halten von zwei Rammlern ist jedoch wegen der Rangordnungskämpfe und der Paarungstriebe nicht möglich. Sie würden sich in kurzer Zeit schwere Verletzungen zufügen, die unter Umständen lebensbedrohlich sein können. Der Regelfall für den Halter, der nur wenige Kaninchen hat, sollte die Haltung in Einzelkäfigen sein, wie sie bei Züchtern üblich ist. Dabei ist Sicht- und Hörkontakt von mindestens zwei Kaninchen diejenige Haltungsform, die für Kaninchen wahrscheinlich am artgerechtesten ist.

Wichtiger als eine gemeinsame Haltung von mehreren Tieren ist eine ausreichende Bewegung für das Kaninchen. Aufgrund des nur wenig muskulösen Magen-Darm-Traktes ist neben der ständigen Aufnahmemöglichkeit von Futter zur Vermeidung von Verdauungsstörungen die Bewegung besonders wichtig. Die Nahrung wird durch ständiges Nachschieben von Futter, das zum Teil auch aus dem nährstoffärmeren Raufutter (Heu oder Gras) bestehen sollte, durch den Verdauungstrakt geschoben. Durch die Bewegung wird das im Magen und Darm befindliche Futter ebenfalls bewegt und damit einer Verstopfung vorgebeugt.

Insbesondere von Jungtieren wird im Sommer auch gern ein Auslauf im Freien mit Gras angenommen. Auf einen ausreichenden Schutz vor Sonne, Regen und Feinden ist durch eine geschlossene Abdeckung von oben zu achten. Um ein Untergraben zu vermeiden, ist entweder der Auslauf mehrmals täglich zu kontrollieren oder es ist ein dünner, grobmaschiger Draht auf den Boden zu legen.

Aufgrund der großen genetischen Ähnlichkeit mit dem Wildkaninchen ist der Außenstall, der mit Ausnahme der vergitterten Vorderseite aus geschlossenen Holz- oder Plattenwänden besteht, die artgerechte Unterbringungsmöglichkeit. Dieser Stall soll trocken und zugfrei stehen und auch schattige Bereiche haben. Kälte macht bei ausreichend Stroheinstreu dem Kaninchen wenig aus. Die Haltung von Kaninchen in der Wohnung ist mit Geruchs- und Sauberkeitsproblemen verbunden. Für das Kaninchen, das von Natur aus schreckhaft ist und zu Fluchtreaktionen neigt, ist ein Standort in der Wohnung eher ungünstig. Da Kaninchen gut hören und auf Erschütterungen empfindlich reagieren, können ständige Geräuschpegel durch Radio, Fernsehen sowie Menschen eine dauernde Belastung für das Tier sein.

Ein zweistöckiger Kaninchenstall
für ein Kaninchen entsteht:

Links oben:
Der Rohbau.

Rechts oben:
Große Kotschublade, Aussichts-/
Liegebrett sowie Rahmen für
kleine Kotschublade mit hinten
liegender Durchsprungöffnung.

Links unten:
Der Neubau ist bezogen.
Im oberen Teil erkennt man
noch den Kaninchenbau-Ersatz.

Wer einen Kaninchenstall für ein Hopkaninchen baut, sollte auch schon bei der Planung des Stalles an optimale Bewegungsmöglichkeiten für sein Kaninchen denken. Dazu gehört in erster Linie die ausreichende Größe des Stalles. Als ich mir vor zwei Jahren neue Kaninchenställe gebaut habe, war für mich klar, dass ich wegen des besseren Mistens und aus hygienischen Gründen Kotschubladen mit einbauen wollte. Eine gute Größe, die sich auch von älteren Kindern mit Mist noch tragen lässt, ist 70×60 cm. Ein Stall in dieser Größe ist für ein Zwergkaninchen vielleicht gerade noch ausreichend groß, aber für ein bewegungsfreudiges Hopkaninchen doch zu klein. Also habe ich ein Stallelement mit zwei Kotschubladen gebaut. Wegen der Breite der Siebdruckplatten (124 cm), die ich zum Stallbau genommen habe, war die Innenbreite des Stalles mit 124 cm optimal, sodass die Stalleinheit 70 cm tief wurde. Die beiden 60 cm breiten Türen werden in der Mitte durch eine 4 cm breite Leiste getrennt, an der auch die Türverschlüsse angebracht sind. Damit ich die Kotschubladen herausziehen kann und nicht die Leiste zwischen den Türen im Wege ist, habe ich hinter dieser Leiste die Kotschubladen durch eine ebenfalls 4 cm starke Bohle voneinander getrennt. Da die Bohle einige Zentimeter höher als die Kotschubladen ist, haben die Kaninchen im Stall ein fest eingebautes Hindernis, über das sie ständig springen müssen. Des Weiteren habe ich auf halber Stallhöhe noch ein Sitzbrett befestigt, das von den meisten Kaninchen als erhöhter Aussichtssitzplatz sehr gern angenommen wird.

Ein Kaninchenstall mit Kotschubladen kann auch als zweistöckige Variante gebaut werden, in der die Kaninchen von einer Etage in die nächste springen können. Diese Variante ist besonders bei den Kaninchen beliebt, die gern auf höhere Flächen hoppeln oder springen. Beispielsweise ein Kaninchen, das auf dem Arm sitzt und gern zur Schulter hinaufklettert oder vom Fußboden auf die Sitzfläche des Sessels und dann auch noch auf die Lehne springt, wird sich über die besondere Höhe des Stalles freuen.

Für einen solchen Stall benötigt man eine Kotschublade im Format 60×70 cm und eine zweite, die 50×60 cm groß ist. Wenn die Vorderfront des Stalles innen 60 cm breit ist, kann die obere Schublade so eingebaut werden, dass hinten 20 cm frei bleiben. Durch diese Lücke kann das Kaninchen von unten nach oben springen. Als Sprunghilfe wird im unteren Stallteil auf der Mitte der Höhe noch ein Sitzbrett angebracht. Da das Kaninchen zum Durchspringen von unten nach oben keinen Durchlass von 20×60 cm benötigt, kann die Hälfte des Durchlasses noch geschlossen und eine kleine Hütte eingebaut werden, in die das Kaninchen von der oberen Kotschublade rein kann. Damit hat das

Die Leine darf weder zu locker noch zu straff gehalten werden, damit sich das Kaninchen im Sprung nicht verfängt oder gebremst wird.   Foto: Düsterhoff

Kaninchen auch gleichzeitig noch einen Bau-Ersatz zum Verkriechen. Es ist kaum zu glauben, mit welcher Geschwindigkeit die Kaninchen die Ebene wechseln können. Diese Stallvariante ist allerdings nur für ein Kaninchen geeignet, da mehrere Tiere sich unter Umständen beim Hinauf- oder Herunterspringen begegnen und sich dabei verletzen können.

Leinen und Hindernisse

Um Kaninchen an der Leine über Hindernisse springen zu lassen, sind mehrere Dinge notwendig. Als Erstes braucht man das Gespür für sich dazu eignende Kaninchen. Sie müssen sich gern an der Leine bewegen, dürfen nicht ängstlich oder scheu sein und sollten dem Begleiter vertrauen. In diesem Kapitel möchte ich die zum Kaninhop erforderlichen Hilfsmittel vorstellen.

Hierzu gehören in erster Linie Hindernisse und ein geeignetes Geschirr mit Leine. In Zoohandlungen und ähnlichen Geschäften werden mittlerweile verschiedene Geschirre mit Leinen für Kaninchen, zum Teil auch nur für Katzen, angeboten. Das Geschirr muss aus einem Hals- und einem Brustgurt bestehen. Ein Halsband allein ist ungeeignet, da es dem Kaninchen schnell die Luft abschnürt und es dadurch in Panik geraten kann. Damit wird der Begleiter des Kaninchens die erforderliche Vertrauensbasis zum Tier

Eine Kombination aus Weit- und Hochsprunghindernis.

Dem Ideenreichtum sind keine Grenzen gesetzt ... Oben: Treppenhindernis,
unten: Schleswig-Holstein-Hindernis mit Holzleisten, die auf Holzwürfeln aufliegen.

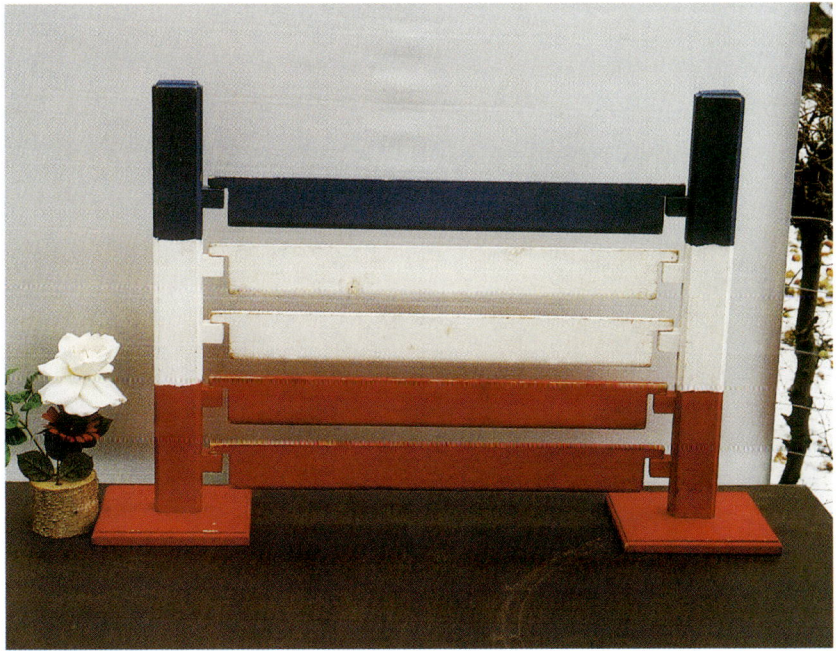

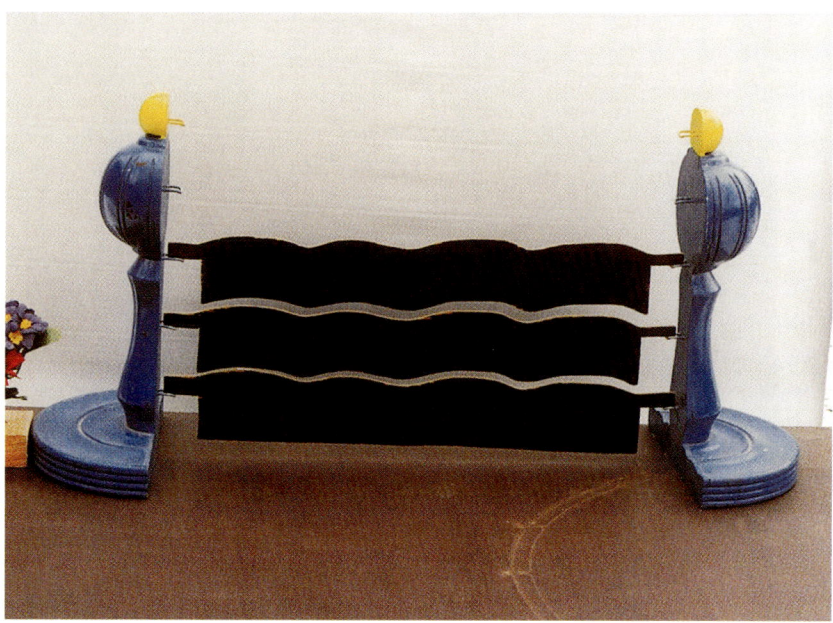

Oben: Aufgesägter Stehlampenfuß mit wellenförmigen Leisten,
unten: Rundstangen mit Wieselmotiv.

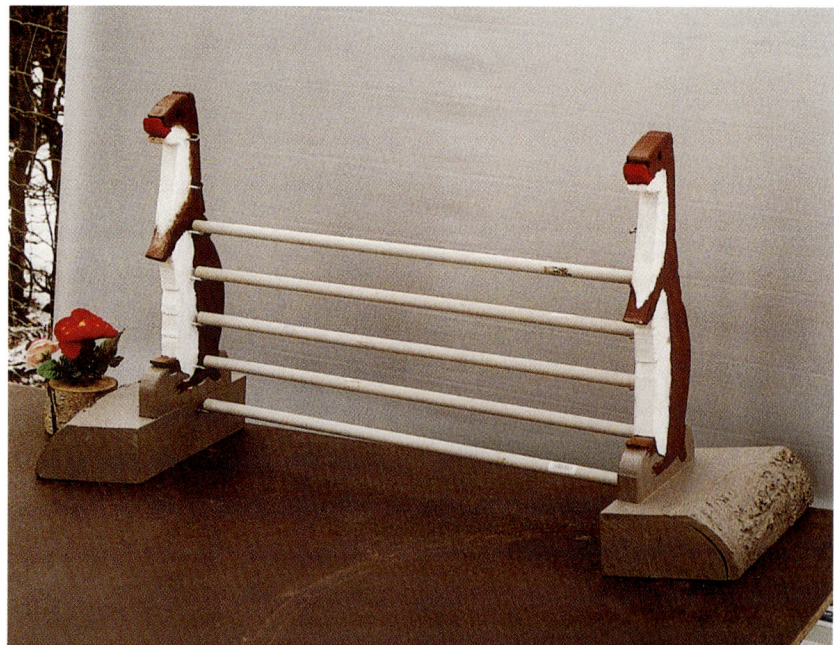

Verschiedene Gestaltungsmöglichkeiten und Kombinationsformen
für Hoch- und Weitsprunghindernisse.

Das Wettkampfzubehör besteht aus Hals- und Brustgurt mit Leine.
Es muss rasch und leicht angelegt werden können.

nicht bekommen können. Die billigen Geschirre sind aus einem Kunststoffgeflecht, durch das an beliebiger Stelle der Dorn einer Schnalle gedrückt wird. Da dies sehr lange dauert, wird das Kaninchen ungeduldig und lässt sich ungern anleinen, Fazit: ebenfalls ungeeignet. Besser sind Leinen aus Leder oder mit Schnellspannverschlüssen, die – einmal auf die richtige Weite eingestellt – sehr schnell angelegt werden können. Falls man nur ein gutes Katzengeschirr bekommt, ist das nicht weiter problematisch, da lediglich der Halsgurt zu lang ist und gekürzt werden muss. Der Bauchgurt ist meist ausreichend groß.

Schwieriger zu besorgen, da nicht im Handel erhältlich, sind Hindernisse. Durch die notwendige Eigeninitiative wird Kaninhop häufig zum Familienhobby. Vater oder Opa ist für den Bau der Hindernisse zuständig.

Der Bau der ersten Hindernisse war bei uns mangels entsprechender Kenntnisse äußerst mühsam. Aber keine Bange, mit der Zeit kommen die Übung und das Wissen dazu, worauf es ankommt. Ein Neuling sollte daher stets nur mit einfachen Hindernissen beginnen.

Eine Kipp-Parkbank als ungewöhnliche Hindernis-Kreation.

Zu einem Hindernis gehören die Füße, die eine ausreichende Grundfläche für einen sicheren Stand haben müssen. Für ein einfaches Hindernis sind Platten aus Holz mit einer Größe von mindestens 20×20 cm ausreichend. Dünnes Sperrholz ist als Material weniger geeignet, da es zu leicht ist.

Die Pfosten für ein einfaches Hindernis bestehen aus gehobelten Dachlatten, mindestens 3×5 cm, besser jedoch 4×6 cm stark und etwas weniger als 60 cm lang. Wer möchte, kann die Kanten etwas abschrägen, damit es schöner aussieht. Nach dem Streichen kann man mit andersfarbigem Isolierband den Pfosten noch verschönern oder auf die Spitze etwas Nettes, beispielsweise ein aus-

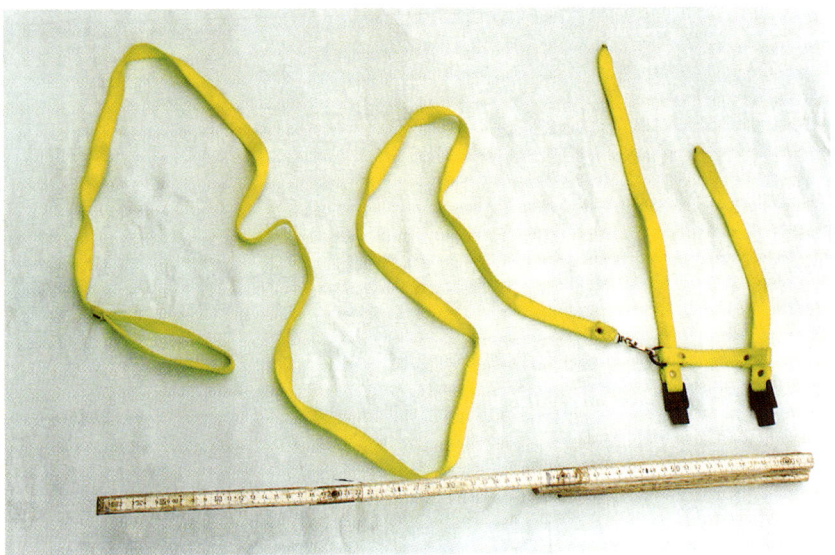

Vorschriftsmäßiges Geschirr: Hals- und Brustgurt können schnell angepasst werden. Die Leine ist 1,50 m lang.

gesägtes Kaninchen, setzen oder ein Loch für eine kurze Blume o. Ä. bohren. Die Pfosten der Hindernisse sollten immer mittig auf dem Fuß befestigt werden. Werden die Pfosten an der Innenseite des Fußes befestigt, kippen die Pfosten leicht nach innen und blockieren so die Stangen. Wenn man schon am Sägen ist, sollte man gleich ein paar kleine Keile sägen, mit deren Hilfe ein unebener Untergrund ausgeglichen werden kann.

An die Pfosten sind die Auflagen für die Stangen oder Brettchen anzubringen. Hierzu eignen sich kleine Holzwürfel mit einer Seitenlänge von 2 bis 3 cm Kantenlänge oder aus Spanndraht gebogene Haken. Der Nachteil der Würfel stellt sich bei Stangen heraus, da diese zu lose aufliegen und schnell herunterrollen. Daher sollte an der Oberseite des Würfels eine kleine Vertiefung eingefräst oder eingesägt werden. Damit die Holzwürfel nicht aufplatzen, sollten sie vor dem Nageln durchbohrt und mit etwas wasserfestem Leim dauerhaft befestigt werden. Schneller geht es mit Haken, die aus 3 mm dickem Draht gebogen und zur besseren Auflage der Stangen leicht nach unten durchgebogen werden. Die Höhe der Haken braucht nur noch auf dem Pfosten angezeichnet, **34** der genaue Abstand der Hakenenden mit einem Haken und einem

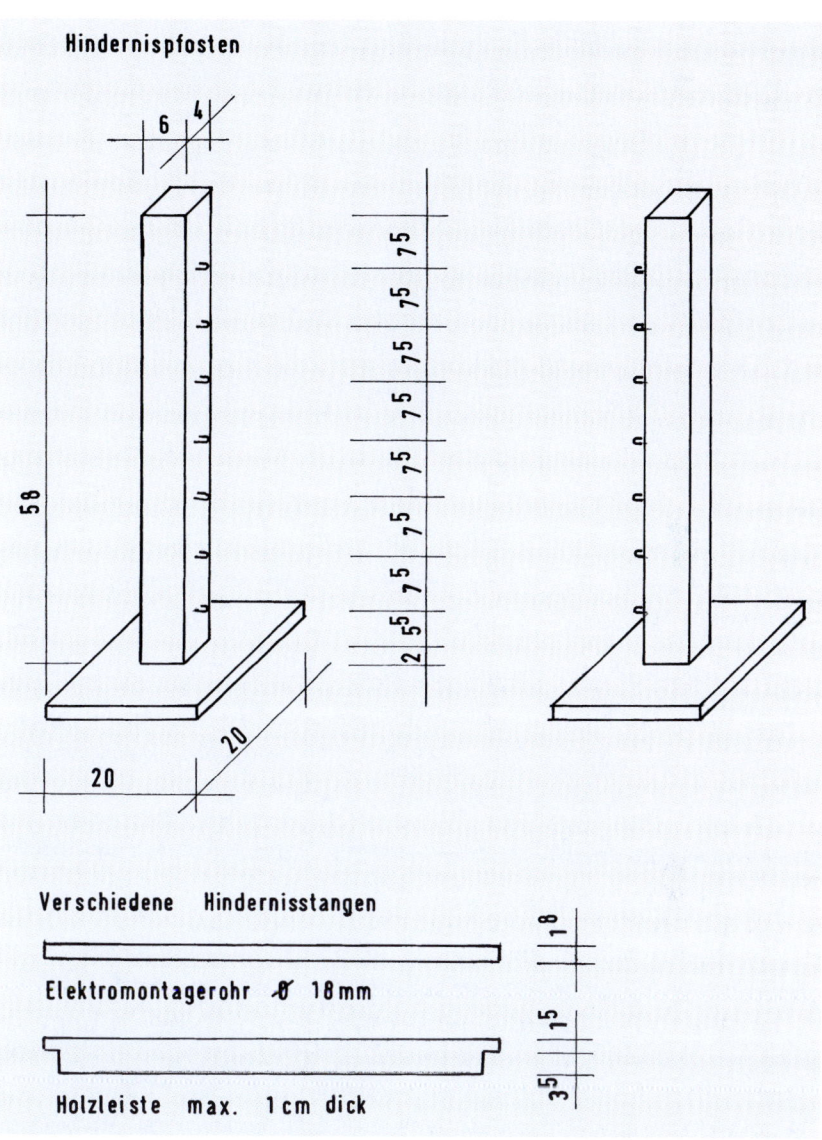

Anleitung zum Bau von Hindernissen.

leichten Hammerschlag markiert, ein 3-mm-Loch gebohrt und der Haken in den Pfosten eingeschlagen zu werden. Der Haken sollte ca. 2,5 cm aus dem Pfosten herausstehen. Der Pfosten muss mindestens 5 cm über die Oberkante der obersten Stange hinausragen.

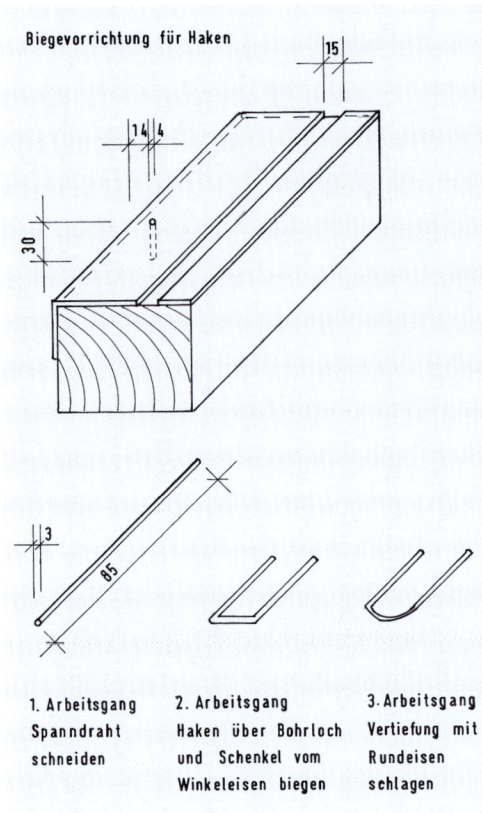

Biegevorrichtung für Haken

1. Arbeitsgang	2. Arbeitsgang	3. Arbeitsgang
Spanndraht schneiden	Haken über Bohrloch und Schenkel vom Winkeleisen biegen	Vertiefung mit Rundeisen schlagen

Herstellen von Hindernishaken.

Neben den Hindernissen, die in die Höhe gebaut werden, kann man auch Hindernisse bauen, die dem Kaninchen neben dem Hochsprung auch ein Weitsprungtalent abverlangen. Ganz einfach ist ein schräg nach hinten ansteigender Pfosten oder mehrere senkrechte Pfosten auf einem längeren Bodenbrett. Aber auch ein Pfosten in Form eines Viertelbogens kann infrage kommen. Vom Sperrmüll können gedrechselte Lampenfüße, Tischbeine o. Ä. zu einem Hindernis umgebaut werden. Es ist auch nicht unbedingt notwendig, dass beide Seiten gleich aussehen. Eins meiner Hindernisse hat auf der einen Seite einen etwa 4 cm dicken gedrechselten Lampenfuß und auf der anderen Seite ein gebogenes Fußteil mit einzelnen vierkantigen Pfosten, sodass einzelne Brettchen auf der einen Seite des Hindernisses übereinander und auf der anderen Seite mit jedem Brettchen weiter nach oben und hinten als kombiniertes Hoch- und Weitsprunghindernis aufgebaut werden.

Grundprinzipien der Hindernisgestaltung können auch dem Pferdesport abgeschaut werden. Ebenfalls sind Motive aus der Tier- und Pflanzenwelt in Form von Bäumen, hoch steigenden Pferden oder Wieseln sowie hoch stehende Gebäude oder freie Formen als Pfosten geeignet.

So gibt es in Schweden ein Hindernis als Parkbank mit Laterne, bei dem als Besonderheit die Bank nach vorn kippt, wenn ein Ka-

Vorbildliche Unterstützung des Kaninchens während des Trainings.

ninchen die Vorderbeine auf den Bankrand aufsetzt. Die Laternen dienen als Pfosten für die Stangen. Die Parkbank kann nach vorne kippen, ohne dass eine Stange herunterfällt. Natürlich ist sowohl das Kippen der Parkbank als auch das Herunterfallen von Stangen ein Fehler.

Bei einer Vorführung kommt es für den Zuschauer nicht nur auf die springenden Kaninchen, sondern auch auf den Gesamteindruck des Geschehens an. Daher sind mit Fantasie gebaute Hindernisse, die statt einer Dachlatte als Stütze alle beliebigen Formen und Farben haben können, die halbe Miete für ein sicheres Gelingen einer Veranstaltung. **37**

Biegevorrichtung auf Flach- und Winkeleisen. Die Drahtteile werden zunächst mit Hammerschlägen umgeformt bzw. mit dem Rundeisen in der Nut nach unten durchgebogen.

Die zum Überspringen vorgesehenen Stangen oder Holzleisten sollten ca. 60 cm lang sein. Als Stangen eignen sich kurz geschnittene Montagerohre für Elektroleitungen, die aus optischen Gründen mit Isolierband verschiedenfarbig beklebt werden können. Diese Stangen haben den Vorteil, dass sie äußerst leicht sind. Den gleichen Zweck wie die Montagerohre erfüllen auch Holzleisten mit einer Kantenlänge von 8 bis 10 mm, die angestrichen und beklebt genauso attraktiv wie die Montagerohre aussehen. Nachteil dieser beiden Möglichkeiten ist bei einigen Kaninchen, dass sie in der Kaninhop-Anlernphase die Rohre oder Vierkantleisten kaum akzeptieren und anfangs lieber über dünne flache Brettchen springen. Diese können aus Sperrholz oder aus dünnen, flachen Holzbrettchen sein und sollten ebenfalls 60 cm lang sein. Ihre Längsseiten müssen nicht parallel sein, sondern können ebenso gut geschwungene oder gezackte Formen haben. Die Enden werden etwas ausgesägt, damit sie besser auf der Auflage liegen. Da der Abstand der einzelnen Stangen oder Brettchen nicht über 8 cm betragen sollte, können einzelne Brettchen bis zu 5 cm hoch sein. Breitere Brettchen haben den Nachteil, dass die Kaninchen bei größeren Hindernishöhen nicht mehr sehen können, was hinter dem Hindernis ist. Einige Tiere überspringen Hindernisse nur gerne bis zu der Höhe, über die sie oben hinweg sehen können.

Eine einfache Biegevorrichtung für Haken kann man sich aus

etwa gleich langen Stücken eines Winkeleisens, eines Flacheisens, eines Hartholzquaders sowie einem Rundeisen mit 10 bis 16 mm Durchmesser bauen. In das Winkeleisen bohre man 16 mm (Mittelpunkt) vom Rand ein 4-mm-Loch sowie auf der anderen Winkelseite 2 Löcher zum Befestigen des Eisens. Den Winkel schraube man auf das Hartholz und bohre durch das 4-mm-Loch in das Hartholz ein insgesamt ca. 30 mm tiefes Loch. Damit ist für den Biegevorgang des Hakens die Vorrichtung fertig. Für die Vertiefung schraubt man das Flacheisen in einem Abstand von ca. 15 mm parallel zu einer Seite des Winkeleisens fest.

Man schneidet von einem 3 mm dicken Spanndraht, der für Gartenzäune gebraucht wird, ca. 85 mm lange Stücke ab, die dann in das Loch gesteckt und mit einem Hammer um die 16-mm-Seite des Flacheisens zu einem Haken gebogen werden. Diese Haken werden mit der gebogenen Seite des Hakens über die 15 mm breite Rille des Flach- und Winkeleisens gelegt. Auf die beiden Enden wird ein schweres Stück Eisen und über die gebogene Seite des Hakens das Rohr gelegt und mit einem Hammerschlag wird die gebogene Seite des Hakens leicht nach unten durchgebogen. Wichtig für das Gelingen des Hakens ist ein Draht, der sich gut biegen lässt (Spanndraht vom Gartenzaun). Ein Stück von einem Nagel ist ungeeignet, da das Material zum Biegen zu hart ist.

Auch schon zum Üben sollten immer mehrere Hindernisse vorhanden sein, damit das Kaninchen von Anfang an lernt, eine gewisse Strecke zu hoppeln. Einer Vorführung oder einem Wettkampf fehlt bei einer zu geringen Anzahl von Hindernissen der Reiz. Angefangen haben wir in Eutin mit 4 oder 5 Hindernissen, die nur für das erste Üben geeignet sind. Um Kaninhop vorführen zu können, sollten die Kaninchen bereits häufiger über eine Strecke von 10 Hindernissen hintereinander springen können. Dadurch wird die Bewegung des Kaninchens flüssiger und sieht damit auch besser aus.

Kaninhop wirkt durch ein harmonisch springendes Kaninchen, bei dem man sieht, dass das Kaninchen gern über die Hindernisse springt. Am Anfang sollten die Hindernisse auch nicht zu hoch aufgebaut werden. In der Leichten Klasse sind Hindernishöhen bis 25 cm Höhe zulässig. Trotzdem sollten Hindernisse gebaut werden, die auch Sprünge bis ca. 50 cm Höhe ermöglichen. Aber bitte Vorsicht, das Kaninchen darf nicht überfordert werden. Wenn fast alle Hindernisse gerissen werden, ist das Klappern der gerissenen

Ein geglückter Sprung; die Landung wird gerade eingeleitet.   Foto: Düsterhoff

Hindernisse für das Kaninchen der Normalfall und es lernt kein fehlerfreies Springen. Für allererste Übungen reicht eine Sprung-höhe knapp unter 10 cm.

Nicht unerwähnt lassen möchte ich für Vorführungen auch die Dekorationen, die als kleine Topfblumen oder Trockengestecke neben Hindernisse gestellt werden können.

Weiteres, insbesondere schöne Fotos von Hindernissen, kann der Homepage von Aase Bjerner (http://hjem.get2net.dk/Bjerner) aus Dänemark entnommen werden.

Kaninhop-Training

Bei Kaninhop-Vorführungen sieht es beeindruckend leicht und flüssig aus, wenn Kaninchen über die Hindernisse springen. Aber auch hier gilt der Spruch „Ohne Fleiß kein Preis".

Der Fleiß beginnt schon bei der Auswahl entsprechender Tiere. Zwar kann man die meisten Kaninchen so dressieren, das sie am Kaninhop Gefallen finden. Kaninchen lernen jedoch unterschiedlich schnell. Daher muss man bei einer schlechten Tierwahl viel mehr Aufwand betreiben. Deshalb ist ein Blick gefragt, der Kaninchen erkennt, die sich gern bewegen und gut leiten lassen. Eines der wichtigsten Dinge beim Kaninhop ist, dass die Kaninchen freiwillig springen, nicht zu eigenwillig und nicht ängstlich sind. Grundsätzlich eignen sich viele Rassen und auch nicht reinrassige Tiere. In der Jugendgruppe meines Kaninchenzuchtvereines U 31

Schrittweises Gewöhnen an die Hindernisse. Das Kaninchen sollte stets freiwillig springen. Kleine Hilfen sind beim Training anfangs noch erlaubt.

Erstes Training: Leichte Hilfen, Locken . . . Belohnung nicht vergessen.

Eutin wird Kaninhop nun schon seit 7 Jahren betrieben. Zu Beginn der Kaninhop-Aktivitäten hat meine Tochter Nina die Gruppe geleitet; vor drei Jahren hat sie die Leitung der Gruppe an ihre Schwester Wiebke abgegeben. In dieser Zeit sind überwiegend Zwerg-Widder, siam- und japanerfarbig, sowie andere kleine Rassen, insbesondere Rexzwerge oder Kreuzungen mit ihnen, ausgewählt worden. Dies mag aber auch daran liegen, dass an Kaninhop Kinder mit wenigen Tieren Interesse haben. Häufig ist es sogar nur ein Stubenkaninchen. Ein wichtiger Grund, der zum Einsatz dieser Rassen in Eutin geführt hat, ist einfach die Tatsache, dass in unserer Familie diese Kaninchen in größerer Zahl als Jungtiere an Kinder abgegeben werden und sie mit ihrem Kaninchen eben mehr machen möchten, als es nur als Streicheltier zu besitzen.

In Dänemark hat Jørgen Larsen als einer der Hauptakteure beim Kaninhop japanerfarbige Holländerkaninchen, mit der Folge, dass dort viele Holländerkaninchen zum Kaninhop genommen werden. Vor drei Jahren hatten die Schweden viele Zwerg-Widder, die auch in Dänemark weit verbreitet sind.

Einige Rassen, wie beispielsweise Angora, Weiße Neuseeländer, Alaska oder große Rassen dürften sich weniger eignen, da sie zum Teil extrem ruhig sind oder zu schnell außer Atem kommen. Aber auch hier dürfte es Stämme geben, die sich wieder gern bewegen und durch eine besondere „Besonnenheit" zwar nicht besonders schnell, aber sehr zielorientiert springen. Albinos sind lichtemp-findlicher als andere Tiere und haben dadurch eventuell ein zu-sätzliches Handikap, insbesondere wenn sie sich zum Springen im Freien bei hellem Sonnenlicht aufhalten. Im Augenblick machen wir mit Hasenkaninchen erste Erfolg versprechende Versuche, ob-wohl uns dänische und schwedische Kaninhop-Experten mit die-ser Rasse nicht viel Mut gemacht haben. Auf keinen Fall sind die Hasenkaninchen eine Rasse, die sich für Kinder eignet. Obwohl sie bei einiger Zuneigung sehr zahm werden, bleiben sie sehr eigen-willig und kratzen oder knabbern, wenn sie in ihrem Bewegungs-drang gehemmt werden.

Bei der Auswahl des richtigen Kaninchens muss das Tier auch zum Begleiter passen. Ein 8- oder 9-jähriges Kind hat meist noch nicht den Überblick und ist mit der Leine und dem Weg über die Hinder-nisse mehr beschäftigt als mit dem Kaninchen. Zu einem solchen Kind passt ein ruhiges und nicht so schnel-les Tier besser als ein sehr lebhaftes Tier. Meine 9-jährige Tochter ist bei der Bundesschau in Bremen mit ei-nem Kaninchen angetreten, das nicht zu ihren Lieblingen gehörte, aber wir hatten das Gefühl, dass das Kanin-chen nach jedem Sprung stehen blieb und zurückblickte, ob meine Tochter auch da war. Besondere Höchstleis-tungen wird dieses Tier wahrschein-lich nicht erreichen. Für meine Toch-ter ist es aber ein zuverlässiger Partner gewesen, mit dem sie ihre besten Platzierungen bei einem Wettbewerb erreicht hat.

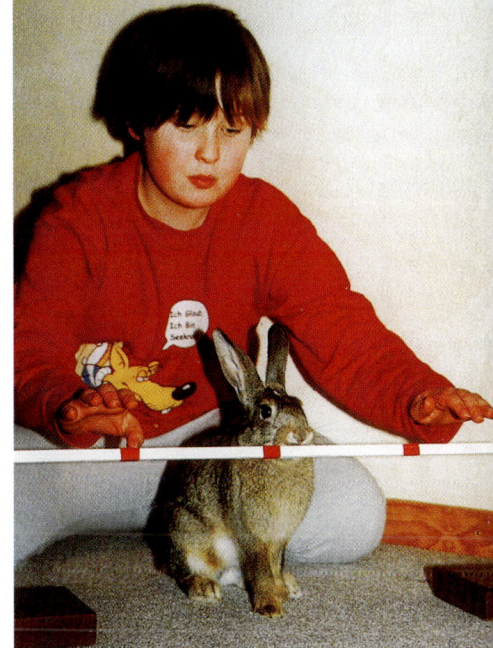

Das Hopkaninchen vor dem Start bei der zweiten Höhenstufe.

Die Kaninchenzüchter mögen es den Kaninhop-Fans bitte nachsehen, wenn sie bei einem beabsichtigtem Kaninchenkauf den Verkäufer fragen, ob er nicht ein etwas knochigeres Tier hat. Die Frage ist nicht ironisch gemeint, sondern hat einen simplen Hintergrund. Kanin- **43** chen mit einer exzellenten Körperform sind meist ruhiger, während die lebhaftesten Tiere in einem Wurf häufig weniger fressen und durch ihren großen Bewegungsdrang mehr Energie verbrauchen und damit einen geringeren Fleischansatz haben. Gerade die Tiere, die sich von Natur aus viel bewegen, haben gute Voraussetzungen, um ein gutes Hopkaninchen zu werden.

Dieser Abschnitt soll sich nun damit befassen, wie man ein Kaninchen Erfolg versprechend zum Springen animieren kann. Grundsätzlich gibt es zwei Möglichkeiten: Entweder ist ein Kaninchen da, das man trainieren möchte, oder man sucht sich unter mehreren Tieren die Kaninchen mit den besten Kaninhop-Eigenschaften aus.

Wer die Möglichkeit hat und sich Jungtiere gezielt als Hopkaninchen aufziehen kann, kann schon sehr früh damit beginnen. Schon wenn die jungen Kaninchen aus dem Nest kommen, kann man ihnen ein kleines Brett in den Stall legen, über das sie ständig springen können. Für diese Kaninchen gehört das Springen von Anfang an zum natürlichen Hoppelrhythmus. Wenn sie etwas älter sind, kann das Brett auf 10 oder 15 cm erhöht werden. Ich habe beim Stallbau auf diese Besonderheit geachtet und Buchten für Zwerg-Widder gebaut, in die zwei Kotschubladen von 60×70 cm geschoben werden. In der Mitte zwischen den Schubladen habe ich auf ein 4 cm starkes und 12 cm hohes Holz noch eine 4 cm hohe Dachlatte, die auch abgenagt werden darf und erneuert werden kann, genagelt. Weiterhin habe ich auf halber Stallhöhe ein Sitzbrett angebracht, auf das die Jungtiere schon im Alter von etwa 4 Wochen springen. Wenn die Jungtiere abgesetzt werden, setze ich sie möglichst in die gleiche Stallgröße. Mehr braucht man anfangs nicht zu tun. Alternativ habe ich für einige Jungtiere nach dem Absetzen einen Wiesenstall mit einem Außenteil von 124×240 cm mit zwei ca. 20 cm hohen Brettern quer durch den Auslauf und einem geschlossenen Teil von 70×124 cm. Gegen das Durchbuddeln liegt ein dünner, grobmaschiger Draht auf dem Gras. In diesem Auslauf sitzen vier bis fünf Jungtiere. Im Alter von 4 Monaten werden die Kaninchen wieder in Buchten gesetzt und an die Leine genommen. Die Kaninchen, die zutraulich sind und sich ohne Scheu an der Leine bewegen, sind nach kurzer Zeit sehr gute Hopkaninchen. Andere legen die Ohren an und sind offensichtlich scheu.

44 Diese Tiere eignen sich nur bedingt oder gar nicht für Kaninhop.

Gerade zu Beginn eines Kaninhop-Trainings sind Geduld und viel Beschäftigung mit dem Tier ein Grundprinzip für einen späteren Erfolg. Je mehr Vertrauen das Kaninchen zu seinem Begleiter aufbaut, umso besser kann auch das gemeinsame Ergebnis werden. Ich habe mir von meiner Tochter zu Recht sagen lassen müssen, dass beispielsweise meine Großzügigkeit, bei einer Kaninhop-Vorführung die Leine mit Kaninchen an fremde kleinere Kinder abzugeben, beim Kaninchen zu Irritationen führt, die erst wieder durch eine längerfristige intensive und liebevolle Behandlung korrigiert werden müssen.

„Indoor-Kaninhop-Training". Jeder fängt mal klein an.

Die meiste Geduld ist erforderlich, wenn das Kaninchen noch nicht weiß, dass es über die Hindernisse springen soll. Daher ist es am besten, wenn man das Tier beim ersten Kaninhop-Training möglichst in einer gewohnten Umgebung vor ein Hindernis mit Stangen setzt, die unter 10 cm hoch sind. Ist es gesprungen, muss man es streicheln und ihm gut zureden. Wenn es nicht springen will, kann man es auch über das Hindernis heben. Manchmal ist es auch hilfreich, wenn zwei dem Kaninchen bekannte Personen zeigen, was es mit dem Hindernis machen soll. Auf jeder Seite des Hindernisses hockt sich eine Person hin. Eine Person hebt das Kaninchen vorn etwas hoch und die andere Person lockt das Kaninchen auf der anderen Seite mit einer Aufmerksamkeit. Wenn das Kaninchen einige Male gesprungen ist, sollte man sich zufrieden geben und ein anderes Mal weiter üben. Falls es überhaupt nicht springen will, muss man Geduld haben und es in den nächsten Tagen erneut versuchen. Auf keinen Fall darf man ungeduldig werden, mit dem Kaninchen schimpfen oder sich ärgern und dem Tier gegenüber Gewalt anwenden.

Parallel zum Springen kann man mit dem Kaninchen das Laufen an der Leine üben. Dazu gehört ein Brustgeschirr, welches man in Zoogeschäften kaufen kann. Wichtig ist, dass das Geschirr möglichst schnell angelegt werden kann. Die billigsten Geschirre, die zum Befestigen mit dem Haken durch das Gewebe gestochen werden müssen, sind leider nicht gut geeignet. Das Befestigen dauert zu lange und das Kaninchen fühlt sich nicht wohl, fängt an zu zappeln und muss festgehalten werden. Schon dadurch ist eines der Grundprinzipien, lieb mit dem Tier umzugehen, verletzt. Schnellspannverschlüsse, die vorher auf den Umfang des Tieres eingestellt werden und nur noch zusammengeschoben werden müssen, sind ebenso gut geeignet wie Geschirre aus Leder mit Hakenverschlüssen, die durch feste Löcher geschoben werden. Richtig sitzt ein Geschirr, wenn man noch einen Finger unter den Gurt schieben kann, ohne dass das Kaninchen dabei gedrückt wird. Wenn das Kaninchen den Kopf aus dem Halsgurt ziehen kann oder der Brustgurt vor die Vorderbeine rutscht, ist das Geschirr zu locker.

Wenn das Kaninchen das erste Mal angeleint ist, sollte es dorthin laufen können, wo es hin möchte. Falls sich das Kaninchen wenig bewegt, ist das eventuell auch ein Zeichen von Unsicherheit, die am besten durch Geduld und keinesfalls durch unnötiges Antreiben überwunden werden kann. Wie am Stall, so gehören auch hier aufmunternde oder beruhigende Worte mit zur Ausbildung. Eventuell gehört auch mal ein geringes Kitzeln am Schenkel zu den erlaubten Mitteln. Aber das Kaninchen braucht hin und wieder auch mal ausreichende Pausen, um zu schnuppern oder im

Freien auch mal zu buddeln. Die Leine sollte immer so gehalten werden, dass sie nicht ganz stramm ist, aber auch nicht schlaff auf dem Boden schleift und das Kaninchen sich darin verheddern kann. Bei einer zu lockeren Leine passiert es auch immer mal wieder, dass das Kaninchen die Leine annagt. Dem Kaninchen kann man keinen Vorwurf machen, wenn es die Leine angenagt hat. Es ist nur seinem Urinstinkt als Nagetier gefolgt. Hat das Kaninchen das Geschirr akzeptiert, kann man langsam damit beginnen, dem Kaninchen nicht mehr nachzugeben oder es durch ein leichtes Ziehen an der Leine zu lenken.

Viel Freude und Spaß beim Wettkampf für Mensch und Kaninchen. Rechts sind Helfer zu sehen, die gerissene Hindernisse wieder aufbauen.

Die Leine ist für das Kaninchen im Freien Schutz vor allen möglichen Gefahren, die das Kaninchen bei einem Freilauf nicht rechtzeitig erkennt. Gleichzeitig besteht durch die Leine ein nicht abreißender Kontakt zum Begleiter. Ein den Freigang gewohntes Kaninchen kann hohe Geschwindigkeiten erreichen und seinem Begleiter kurzfristig entlaufen. Durch das Hinterherlaufen entsteht **47** eine Unruhe, durch die das Kaninchen selbst oder auch andere Tiere entscheidend gestört werden. Wenn das Kaninchen häufig eingefangen wird, wird es wilder und lässt sich immer schwerer einfangen. Durch das häufige Einfangen kann auch Angst beim Kaninchen entstehen. Ein ängstliches Kaninchen legt die Ohren an und duckt sich hinter einer Deckung, zum Beispiel einem Hindernis, ab. Wenn mehrere Kaninchen zusammentreffen, geht es auch wegen der Gefahr des Deckens nicht ohne Leine. Es wird sich jedoch kaum vermeiden lassen, dass mal ein Kaninchen ausbüxt. In diesem Fall soll man nicht hinter dem Kaninchen herlaufen, sondern möglichst von vorn auf das Kaninchen zugehen. Es lässt sich so leichter einfangen, denn es bekommt nicht das Gefühl, dass es gejagt wird.

Wichtig ist, dass das Kaninchen Freude und Spaß bekommt und lieber an der Leine läuft, als im Käfig zu sitzen. Freigang ohne Leine ist dem Kaninchen jedoch noch viel lieber. Kaninchen, die auch ohne Leine viel herumlaufen können, können eine Leine als Zwang ansehen. Es ist in diesem Fall nicht auszuschließen, dass das Kaninchen dagegen aufbegehrt und sich nicht einfangen lassen will. Die dann erforderliche Jagd verunsichert das Tier und es empfindet den Begleiter beim Kaninhop als Jäger, dem es weghoppeln möchte. Dies kann für das Kaninhop ein sehr großes Handikap sein.

Doch nun zurück zum Springen: Von Natur aus springen und laufen Kaninchen gern; sie sind auch für das Hakenschlagen bekannt. Wer insbesondere junge Kaninchen einmal im größeren Auslauf beobachtet hat, kann bestätigen, wie Kaninchen sogar in der Luft, offensichtlich vor Lebensfreude, Haken schlagen. Daher kommt Kaninhop dem natürlichen Bewegungsdrang der Kaninchen entgegen. Ein Kaninchen kennt von Natur aus keinen Griff in den Nacken oder in das Fell. Dies ist für Kaninchen eher ein Griff, der von Feinden ausgeht. Da wir kein Feindverhalten zum Kaninchen aufbauen sollten, darf kein Kaninchen am Fell angehoben werden. Als ich vor Jahren aus Unkenntnis ein schwedisches Kaninhop-Spitzentier am Fell hochheben wollte, stieß seine Besitzerin einen Aufschrei des Entsetzens aus. Tiere, die es von klein an gewöhnt sind, unter dem Bauch hochgehoben zu werden, kratzen auch nicht. Gönnen auch Sie dem Kaninchen diesen

48 Luxus!

Beispielhafte Teamarbeit von Hopkaninchen und Begleiterin mit idealer Leinenführung. **49**

Wenn das Kaninchen gern an der Leine läuft und auch schon mal über ein sehr niedriges Hindernis gesprungen ist, sollten weitere Hindernisse mit einem gleichmäßigen Abstand, der zwischen 1,50 m und 2,00 m liegen sollte, aufgestellt werden. Ein gleicher Abstand zwischen den einzelnen Hindernissen sowie das Aufstellen der Hindernisse in einer geraden Bahn sind am Anfang ausreichend schwierig. Erst wenn die Hindernisse mühelos und ohne zu reißen übersprungen werden, kann das Hindernis zum Üben erhöht werden. Es ist falsch, das Kaninchen durch zu hohe Hindernisse zu überfordern. Ein ständiges Reißen darf sich nicht als Normalfall beim Kaninchen einprägen. Das Klappern der Stangen beim Reißen sollte die Ausnahme sein. Falls möglich, sollte die Zahl der Hindernisse am Anfang nicht unter 5 liegen. 10 Hindernisse sind jedoch eher anzustreben. Auch sollte das Kaninchen von Anfang an daran gewöhnt werden, nur in eine Richtung zu laufen. Am Ende der Bahn lässt man das Kaninchen entweder neben der Bahn her hoppeln oder nimmt es auf den Arm. Oft springen Kaninchen auch gern die Hindernisse in der Bahn zurück. Dies sollte man dem Kaninchen jedoch nicht gewähren, denn beim nächsten Mal möchte es sofort wieder über ein übersprungenes Hindernis zurückspringen. Hat sich diese Eigenwilligkeit beim Kaninchen erst einmal eingeprägt, hat der Begleiter ständig Probleme, das Kaninchen zu führen.

Wenn das Kaninchen eine Zeitlang gut gesprungen ist und dann nicht mehr springen möchte oder viele Hindernisse reißt, ist das ein sicheres Zeichen, dass das Kaninchen eine Pause braucht oder für den ganzen Tag keine Lust mehr hat. Dies muss respektiert werden! Lieber regelmäßig zweimal die Woche jeweils eine Viertelstunde mit dem Kaninchen üben als auf einmal eine Stunde oder länger. Bitte das Tier nicht überfordern!

Wenn das Kaninchen problemlos über Hindernishöhen von 25 cm und mehr springt, sollte man es auch einmal an ein Hindernis heranführen, welches nicht nur in die Höhe, sondern auch etwas in die Tiefe gebaut ist. Das Kaninchen lernt so neben dem Hochsprung auch gleich den Weitsprung.

Um die Kaninchen nicht zu über- oder zu unterfordern, sind sie in unterschiedliche Klassen einzustufen. Die wesentlichen Unterschiede der Klassen sind in der geraden Bahn und im Parcours

Gerade Bahn:

	Hindernis-höhe	Hindernis-anzahl	davon Weitsprung-hindernisse	Abstände zwischen den Hinder-nissen
Leichte Klasse	bis 25 cm	8	1, max. 25 cm Länge	1,80 m
Mittel-schwere Klasse	bis 35 cm	10	2, max. 40 cm Länge plus Wassergraben	2,00 m
Schwere Klasse	bis 40 cm	10	3, max. 55 cm Länge plus Wassergraben	2,00 m
Elite-klasse	bis 50 cm	12	4, max. 70 cm Länge plus Wassergraben	2,20 m

Parcours:

	Hindernis-höhe	Hindernis-anzahl	davon Weitsprunghindernisse
Leichte Klasse	bis 25 cm	10	1, max. 25 cm Länge
Mittel-schwere Klasse	bis 35 cm	12	2, max. 40 cm Länge plus Wassergraben
Schwere Klasse	bis 40 cm	14	3, max. 55 cm Länge plus Wassergraben
Elite-klasse	bis 50 cm	18	4, max. 70 cm Länge plus Wassergraben

Bei einigen Kaninchen gibt es bei der Sprunglust jahreszeitliche Unterschiede. Im Frühjahr, der hauptsächlichen Paarungszeit, gibt es die häufigsten Probleme. Die Rammler sind mit der Nase nur am Boden und schnüffeln und reagieren gereizt, wenn sie über Hindernisse springen sollen. Häsinnen pfützen gern und scheinen den Rammler zu suchen. Diese Phasen gehen jedoch im Sommer bei vielen Tieren wieder zurück.

Eine Kaninhop-Häsin kann auch ruhig mal Junge bekommen. Während der Trächtigkeit sollte man ihr jedoch Ruhe gönnen und höchstens noch die ersten beiden Trächtigkeitswochen mit ihr springen. Es ist jedoch nichts dagegen einzuwenden, wenn während der letzten beiden Trächtigkeitswochen oder während der Säugezeit die Häsin an der Leine ohne Hast und Eile ausgeführt wird.

Präsentation von Kaninhop

In Sachen öffentliches Interesse kann mit Kaninchen beim Kaninhop etwas gezeigt werden, was viele Zuschauer noch nicht gesehen haben. Daher ist es nicht schwer Aufmerksamkeit zu erhalten, sodass sich neben den örtlichen Zeitungen auch unsere Fachzeitschriften und sogar das Fernsehen mit einem Mal für Kaninchen interessieren. Am besten kommt natürlich die Kombination mit der Jugendarbeit an. Befürchtungen, dass die Medien sich der Sache nicht positiv annehmen und die Berichterstattung im Reißwolf endet, treten mit Jugendlichen kaum ein.

Als unsere Gruppe einmal in Hamburg einen Auftritt hatte und die Hamburger Organisatorin uns am Abend zuvor mitteilte, dass sie die Bild-Zeitung eingeladen hatte, war ich zunächst äußerst skeptisch. Ich hatte aber die Idee, dass ein dreizehnjähriges Mädchen von uns, das sich verletzt hatte und nur mit Krücken laufen konnte, für das Interview zuständig sein sollte. Der Bericht wurde sehr gut.

Nach der harten Wettkampfarbeit dürfen die Früchte des Erfolgs genossen werden: Szene bei einer Siegerehrung für Kaninchen und Begleiterinnen mit Pokalübergabe.

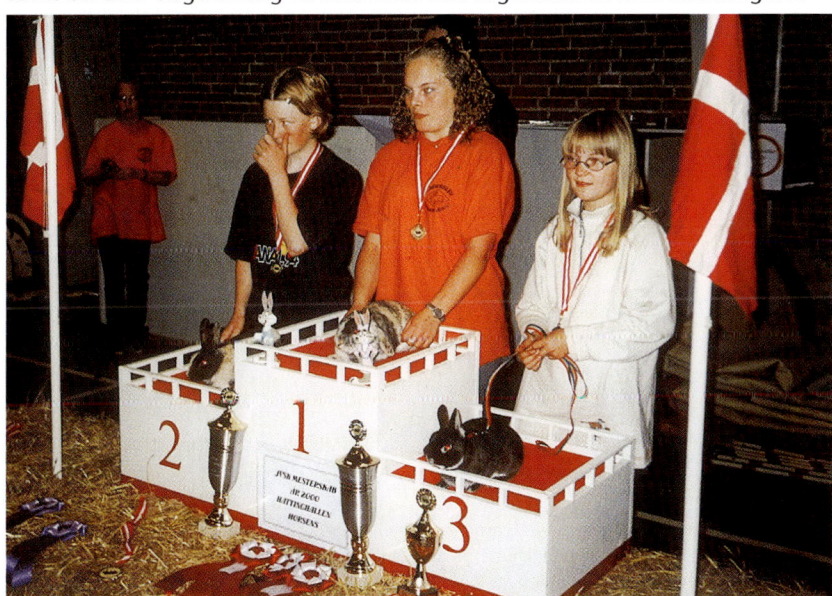

Auf artgerechten Transport zum Training und die Unterbringung während des Wettkampfes wird größter Wert gelegt.

Lokalzeitungen nehmen sich des Themas Kaninhop äußerst dankbar an, bringen große Berichte mit Fotos, zum Teil auch auf der ersten Seite. Nach einigen Berichten lässt aber auch hier das Interesse wieder nach. Mit den lokalen Fernsehsendern ist es ähnlich.

Um jedoch positiv in der Öffentlichkeit dazustehen, muss der gesamte Rahmen stimmen. Es müssen genügend Teilnehmer mit entsprechend vielen Tieren da sein, die möglichst gut und flüssig über die Hindernisse springen. Anfänger sollten es bei Hindernis- höhen bis 25 cm belassen, diese Hindernishöhe entspricht der

Urkunde

hat mit

bei der Vereinsmeisterschaft
des Vereins U31 Eutin e.V.
am 22. 9. 2001
im Kaninhop
in der leichten Klasse

bei der geraden Bahn   beim Parcours
den   Platz belegt   den   Platz belegt.

Bine Lamp   Friedel Hillebrecht
Kaninhop- Leiterin   Schiedsrichter

Eine geschmackvolle Urkunde wird für jeden Teilnehmer ausgefertigt.

Leichten Klasse. Es ist besser, wenn einige Tiere über die aufgebau-
te Hindernisbahn fehlerfrei springen, als wenn es lediglich ein Kaninchen gibt, das es schafft, über die Hindernisgruppe zu springen. Fehlerfreies Springen ist eine Sache der Übung. Der richtige
Zeitpunkt des ersten Auftritts einer Gruppe erfordert einiges Fin- **55**

Ergebnisse der Vereinsmeisterschaften in Eutin a Leichte Klasse, Parcours	
Führer	Kaninchen

Ergebnislisten dienen der raschen Ermittlung der Sieger und der Platzierungen.

gerspitzengefühl. Wer zu früh anfängt, sich in der Öffentlichkeit darzustellen, kann schnell eine Pleite erleben. Auf der anderen Seite ist ein gelungener Auftritt ein ausgezeichneter Ansporn zum Weitermachen. Weitermachen heißt in erster Linie: regelmäßig einmal in der Woche üben. Am sichersten gelingt eine öffentliche Vorführung bei einem „Heimspiel" im vertrauten Züchterkreis bei einer Ausstellung.

Was ist bei einem Auftritt vor allem zu beachten? Wie zuvor erwähnt, sollten die Kaninchen zügig an der Leine hoppeln und gut springen. Wer zuvor nur bei sich zu Hause am Stall geübt hat, kann auch bei begabten Kaninchen eine Enttäuschung erleben. Der Transport, eine fremde Umgebung und viele unbekannte Geräusche irritieren am Anfang so manches Kaninchen. Aus Angst legen sie die Ohren an, ducken sich vor dem Hindernis ab oder rennen an der Leine völlig wild drauflos. Daher sollte ein Kaninchen vor einer Vorführung oder einem Wettkampf auch einigermaßen sicher in fremder Umgebung auftreten und sich auch durch fremde Geräusche nicht irritieren lassen. Vor dem offiziellen Teil des Auftrittes muss das Kaninchen sich von der Fahrt er-

September 2001				
Fehler 1. Runde	Fehler 2. Runde	Zeit 2. Runde	Gesamt-fehler	Platz

holt haben und sich auch schon mal warmspringen können. Dass der Begleiter seinen Teil durch ruhiges Verhalten und aufmunternde Worte dazu betragen kann, habe ich an verschiedenen anderen Stellen dieses Buches schon erwähnt. Nette Gesten des Begleiters dem Tier gegenüber kommen auch beim Publikum gut an. Das kann ein liebevolles Streicheln, ein kleiner Leckerbissen oder am Ende der Bahn ein Auf-den-Schoß-springen-Lassen sein.

Damit ein Kaninchen aufgrund seines Alters mit dem Transport, der fremden Umgebung, der Lautstärke usw. nicht überfordert wird, sollte es mindestens vier Monate alt sein. Die Ermittlung des Alters ist wie bei den Jungtieren, die ausgestellt werden können: Der Geburtsmonat zählt nicht mit. Der Monat, in dem das Ereignis stattfindet, kann mitgezählt werden.

Weiter ist der optische Eindruck für ein gutes Gelingen des Auftrittes entscheidend. Wenn die Kaninchen auf einem Rasen springen, sollte er kurz geschnitten sein. Bei harten oder glatten Bodenbelägen muss ein Teppich unter die Bahn gelegt werden. Die Breite des Teppichs sollte 80 cm nicht unterschreiten. Wenn möglich, sollten mindestens 10 Hindernisse übersprungen werden können. **57**

Das Start- und Zielhindernis sollte dabei die Höhe von 10 cm nicht überschreiten. Bei einem Wettkampf nach den dänischen Regeln zählt das Reißen dieser Hindernisse nicht als Fehler. Bei den Dänen, die viel mit Holländerkaninchen springen, beträgt der Abstand zwischen den Hindernissen mindestens 1,80 m. Die Schweden springen viel mit kleineren Zwerg-Widdern, daher beträgt bei ihnen der Mindestabstand 1,50 m zwischen den Hindernissen. Um den Kaninchen einen gleichen Sprungrhythmus zu ermöglichen, sollten auf alle Fälle die Abstände zwischen den Hindernissen gleich weit sein.

Je fantasievoller die Hindernisse gebaut sind, umso besser ist der Gesamteindruck. Dekorationen direkt am Hindernis mit kleinen Topfblumen oder an einer hinteren Begrenzung in Form von Zweigen oder Ähnlichem kommen immer gut an. Damit die Zuschauer wissen, wie weit sie an die Bahn herangehen können, ist eine Absperrung erforderlich. Um ausreichend Bewegungsraum zu haben, sollte zwischen der Bahn und den Zuschauern schon 1,50 bis 2,00 m Abstand sein. In Schweden habe ich als Absperrung einen ca. 40 cm hohen Zaun aus Holzleisten gesehen, der auch für Hunde eine deutliche Begrenzung darstellt. In Eutin verwenden wir ein Wimpelband mit den Schleswig-Holstein-Farben, die wir an den Stäben für den Elektroweidezaun festmachen. Bei Rasen können wir die Stäbe einfach einstechen. Bei einem festen Untergrund bringen wir ca. 15 cm hohe Baumscheiben mit einem Loch in der Mitte mit. In diese wird der Weidezaunstab hineingesteckt.

Fast alle Jugendlichen haben für ihre Kaninchen Transportkisten aus Kunststoff, die im Zoohandel erhältlich sind. Diese werden möglichst geordnet nebeneinander aufgestellt. Wegen der artgerechten Aufbewahrung achten wir bei Veranstaltungen im Freien auf einen schattigen bzw. bei Regen auf einen trockenen Platz. Wenn ein solcher Platz nicht vorhanden ist, bringen wir einen Pavillon mit. An den Transportkisten oder Ausstellungskäfigen, in denen die Hopkaninchen sitzen, sind meist Namensschilder und weitere Angaben zum Kaninchen angebracht. Für die Kinder ist dies eine Möglichkeit, sich künstlerisch zu beschäftigen, und für die Zuschauer eine weitere Information. Bei Stadt- oder Dorffesten, bei denen noch andere Aktivitäten stattfinden, kann auch eine Klappbank als Abgrenzung für die Zuschauer genutzt werden.

In Hülle einschiebbares Namensschild zum Anstecken sind ein gutes Erkennungsmerkmal der Mannschaft und ein probates Mittel der Öffentlichkeitsarbeit für den Verein.

Diese Bank kann gleichzeitig von müden Zuschauern zum Entspannen genutzt werden, und es gesellen sich zu den sitzenden Zuschauern schnell weitere hinzu.

Als Erkennungsmerkmal der Kaninhop-Aktivisten haben wir uns vor einiger Zeit ein T-Shirt mit einem Logo zugelegt. Bei Veranstaltungen wird dieses Kleidungsstück von fast allen, die mitmachen, getragen. Durch das T-Shirt können Zuschauer die Vereinsmitglieder besser erkennen und sie ansprechen, wenn sie mal gerade nicht mit ihren Kaninchen beschäftigt sind. Des Weiteren hat es bei Veranstaltungen mit einer Eintrittskasse den Vorteil, dass man als Akteur schneller erkannt wird und sich nicht bei den Besuchern einreihen muss. Das Motiv, ein springendes Kaninchen, darüber im Halbbogen der Vereinsname und darunter der Schriftzug Kaninhop, haben wir uns von einem Foto abzeichnen lassen und die Schrift mit einem PC darum herum geschrieben. Die Überlegung, dass das Logo besser auf dem Rücken des T-Shirts aufgedruckt werden sollte, damit die Kaninchen mit ihren Krallen nicht den Aufdruck einreißen, hat sich als nicht erforderlich herausgestellt. Jugendliche haben zum Teil zusätzlich zum Vereinslogo auf der Vorderseite ein Bild ihres Kaninchens aufdrucken lassen, ohne dass es Probleme gibt.

59

Neben gut springenden Kaninchen und einer ansprechenden Optik ist die Vermittlung des Geschehens durch Erläuterungen für die Zuschauer und zum Teil auch für die Organisation des Kaninhop-Ablaufes von besonderer Bedeutung. Bei einer Bahnlänge von etwa 20 m oder einem Parcours mit einer Seitenlänge von mindestens 12 m kommt die lauteste Stimme auf Dauer nicht mehr durch. Eine technische Unterstützung in Form einer Lautsprecheranlage ist ein äußerst nützliches technisches Instrument. Ein Wort in einer normal gesprochenen Lautstärke, durch eine Lautsprecheranlage verstärkt, kann immer noch eine angenehme Ruhe ausstrahlen, die den gesamten Ablauf der Kaninhop-Vorführung prägt. Die Zuschauer möchten gern über Kaninhop etwas erfahren. Hierzu können auch Informationen gehören, wo die Gruppe das erste Mal etwas von Kaninhop gehört hat und seit wann sie Kaninhop betreibt, ob und wo sie regelmäßig trainiert usw. Da bei den Kindern alle Kaninchen einen Namen haben, sind die Nennung der Namen des Kaninchens und seiner Begleitung, die Wettbewerbsregeln, Fehlerzahlen und Zeiten auch für den Zuschauer von Interesse.

Ein Auftritt kann als Vorführung oder als Wettkampf stattfinden. Bei einer Vorführung ist alles etwas lockerer. Wer springen möchte, stellt sich hinter dem Start an. Nachdem der Vorgänger am Ziel ist und die Hindernisse wieder aufgebaut sind, kommt der Nächste an die Reihe. Sonderwünsche nach höheren oder niedrigeren Hindernissen können erfüllt werden. Allerdings sollte darauf geachtet werden, dass die größere Zahl der Hindernisse im Normalfall nicht gerissen wird. Darauf muss unbedingt Rücksicht genommen werden. Übermäßiger Ehrgeiz des Begleiters ist nicht tiergerecht, und auch die Zuschauer werden es auf Dauer nicht schön finden. Die Zuschauer dürfen unter Einsatz von Blitzgeräten fotografieren oder auch mal ein Kaninchen streicheln oder an der Leine halten.

Bei einem Wettkampf sollten schon gleiche Startbedingungen für alle herrschen, da sich Ehrgeiz unter den Begleitern nicht vermeiden lässt. Da Kaninchen sehr unterschiedlich springen, wird es schon nach einigen Wettkämpfen einige Tiere geben, die die Hindernisse der Leichten Klasse (bis 25 cm Höhe) problemlos überspringen. Falls insgesamt genügend Tiere am Start sind, kann man

die Besten in der Mittelschweren Klasse (bis 35 cm Höhe) starten

LIKE

UJ 31/ 4.1.3   Rammler 1,0
Widderzwerg, japanerfarbig
Geboren am 19. April 2001

Leichte Klasse

Allgemeine Schau Eutin
20/18/13,5/13,5/14,5/10/5= 94,5

Züchter: Kyra Hillebrecht
Trainiert von: Wiebke & Kyra Hillebrecht

Aussagefähiger Steckbrief des „Kaninhop-Athleten" am Ausstellungskäfig.

lassen. Die Hindernisse können entweder als gerade Bahn, die am Anfang für Kaninchen leichter zu springen ist, oder als Parcours – wie beim Reitturnier – in einer geschwungenen Bahn aufgebaut werden. Der Parcours fordert von den Begleitern mehr Übersicht und die Kaninchen müssen sich das Dirigieren von einem Hindernis zum anderen gefallen lassen. Vor dem Wettbewerb sind die Bahnen von Personen aufzubauen, die nicht selbst am Wettbewerb teilnehmen, da die Kaninchen für unterschiedliche Hindernisse Vorlieben oder Abneigungen haben. Die Zuschauer können während des Wettkampfes die Kaninchen nicht mit dem Blitzgerät fotografieren, da ein geblitztes Kaninchen meist etwas irritiert ist. Es müssen außerdem weitere Hindernisse zum Warmspringen der Kaninchen vorhanden sein. Die Vorbereitung erfordert Startlisten (siehe Tabelle S. 56/57). Mindestens zwei Personen, ein Schiedsrichter und ein Schreiber/Ansager müssen die Organisation übernehmen. Als Ansage hat sich folgender Spruch bewährt: „Es startet als Nächstes Hasi, begleitet von Franziska von Talsieg, als Nächstes machen sich fertig Hoppel mit Michael Schlumacher und Klopfer mit Boris Bocker." Um zu vermeiden, dass ein Kaninchen, das nicht springen will oder kann, zu lange in der Bahn bleibt, ist eine maximale Zeit für den Durchgang zu vereinbaren. Bei 8 Hindernissen, zuzüglich der Start- und Zielhindernisse, sind **61**

90 bis 120 Sekunden ganz auskömmlich. Für die Überschreitung dieser Zeit um bis zu 15 Sekunden sollte ein Fehler, für weitere 15 Sekunden ein weiterer Fehler bereits vorher vereinbart werden. Kommt das Kaninchen auch nach dieser Zeit nicht am Ziel an, sollte es disqualifiziert werden. Um zu einer differenzierteren Bewertung zu kommen, haben sich mindestens zwei Durchgänge bewährt. Im ersten Durchgang werden nur die Fehler gezählt, im zweiten Durchgang dann Fehler und Zeit. Gewonnen hat das Kaninchen mit seiner Begleitung, das in beiden Durchgängen die wenigsten Fehler gemacht hat. Bei gleicher Fehlerzahl mehrerer Teilnehmer entscheidet die schnellere Zeit. Je nach Teilnehmerzahl können alle Teilnehmer in der zweiten Runde starten oder nur Teilnehmer mit nicht mehr als einer bestimmten Fehlerzahl.

Der Schiedsrichter kontrolliert vor dem Start alle Hindernisse, stellt seine Stoppuhr auf Null und gibt den Start frei. Die Stoppuhr ist zu betätigen, wenn sich das Kaninchen jeweils über dem Start- oder Zielhindernis befindet. Während des Durchganges muss er die Sprungfehler zählen und bei einer unsachgemäßen Behandlung des Tieres dem Begleiter eine Korrektur mitteilen. Drei Korrekturen sind wie ein Sprung- oder Zeitfehler zu werten. Zum Schluss muss er die Gesamtfehler dem Schreiber übermitteln, der das Ergebnis über das Mikrofon durchsagt. Um nach der Bekanntgabe des Ergebnisses bei Reklamationen eine Kontrollmöglichkeit zu haben, dürfen die Hindernisse erst wieder aufgebaut werden, wenn nicht mit Widerspruch zu rechnen ist. Ansonsten kann es leicht Unmut bei den Teilnehmern geben.

Bislang habe ich noch nichts über Korrekturen geschrieben. Sie sind in erster Linie zum Schutz des Kaninchens gegen unsachgemäße Behandlung bei zu viel Eifer gedacht. Als Korrektur ist entsprechend der Kaninhop-Regel Nr. 150 Folgendes anzusehen: Hochziehen des Kaninchens mit der Leine, zu starkes Antreiben, Vorbeilaufen am Hindernis, Zurücksetzen des Kaninchens, wenn es zu dicht am Hindernis sitzt. Insgesamt haben sich bei uns in Eutin die dänischen Kaninhop-Regeln in dieser Hinsicht bestens bewährt.

In diesem Abschnitt sind sehr viele Gegenstände genannt, die bei Auftritten gebraucht werden können. Um nicht jedes Mal neu überlegen zu müssen, was mitgenommen werden muss, haben wir eine Liste mit allen in Frage kommenden Gegenständen erstellt.

Vor einem Auftritt wird die Liste durchgegangen und entschieden, welche Teile erforderlich sind und wer sie mitzubringen hat.

Bei der Entscheidung, ob wir einen Wettkampf oder eine Vorführung durchführen, gibt es Argumente für beides. Für die Zuschauer ist ein Wettkampf natürlich viel spannender. Sie bleiben länger und nehmen am Geschehen auch intensiver teil. Für die Begleiter mit ihren Kaninchen kommt mehr Anspannung auf und die Organisation ist arbeitsaufwändiger. Bei der Siegerehrung stehen bei verschiedenen Wettkämpfen oft die gleichen Teilnehmer

Hindernis mit Nummer für Parcours.

im Mittelpunkt. Eine Vorführung ist von der Organisation her lockerer und die Begleiter sind nicht so erfolgsorientiert. Auch jüngere Kinder oder Begleiter mit nicht so gut springenden Kaninchen, die bei einem Wettbewerb chancenlos sind, mögen eine Vorführung lieber.

Mit zur wirkungsvollen Präsentation von Kaninhop gehören auch gute Bilder, die als Vorankündigung oder Bericht über eine **63**

Veranstaltung der Presse zur Verfügung gestellt werden. Auch mit einer guten Kamera sind sie jedoch nicht ganz einfach. Oft befindet sich das Kaninchen nicht am Hindernis, oder das Kaninchen ist unscharf aufgenommen. Den Standort des Kaninchens kann man wenig beeinflussen. Hier ist es einfach Glück, wenn man in dem Bruchteil der Sekunde abgedrückt hat, in dem sich das Kaninchen in einer guten Position befindet. Am besten sehen springende Kaninchen beim Absprung aus oder wenn sie sich über dem Hindernis befinden. Ein landendes Kaninchen wirkt auf dem Bild meist nicht so harmonisch. Bei Bildern, die mit einer kurzen Verschlusszeit aufgenommen werden, sind schnelle Bewegungen weniger unscharf. Es empfiehlt sich daher, die Aufnahmen entweder mit einem Blitzgerät zu machen oder einen Film mit einer hohen DIN-Zahl zu nehmen. Zum Teil verwende ich DIN-800-Filme. Nachteil der hoch aufgelösten Filme ist die grobe Körnung, die sich insbesondere bei Vergrößerungen negativ bemerkbar macht.

Ein Könner beim Sprung über den „Wassergraben" mit zusätzlichem Hindernis.

Aufbau einer Organisation

Die Kaninhop-Anfänge bei uns haben mit den Gruppenstunden der Eutiner Jugendgruppe begonnen. Nachdem sich die Einsicht durchgesetzt hat, dass ein einmaliges Üben im Monat nicht ausreicht, wurde für ein wöchentliches Training in einer Turnhalle ein kleiner Raum angemietet. Da das Kaninhop-Training sowie die Organisation von Veranstaltungen einschließlich der damit im Zusammenhang stehenden öffentlichkeitswirksamen Maßnahmen und der Bau von weiteren Hindernissen mehrere Personen mit leitenden Aufgaben in Anspruch nahm, hat sich der Verein zu einem weiteren Vorstandsmitglied, der Kaninhop-Leiterin, entschlossen und Sabine Lamp in diese Funktion gewählt. Sie ist damit in Sachen Kaninhop das erste Vorstandsmitglied in einem deutschen Kaninchenzuchtverein und gehört neben den Jugendgruppenleiterinnen Nina bzw. Wiebke Hillebrecht sowie mir als Zuchtwerbewart zum Personenkreis der ersten Kaninhop-Stunden in Deutschland.

In den organisatorischen Anfängen standen Fragen wie z. B.: Wie nennen wir das, was wir machen. Nehmen wir den schwedischen Namen Kaninhoppning, den dänischen Namen Kaninhop oder einen deutschen Namen. In Verbundenheit mit den Dänen, die uns zu gemeinsamen Veranstaltungen eingeladen und viele Tipps gegeben haben, haben wir die dänische Bezeichnung übernommen. Mit den Kaninhopregeln, die meine Frau Anne überwiegend aus dem Dänischen übersetzt hat, haben wir einfach angefangen und bislang mündlich abgestimmt, welche Regeln wir anwenden und wie ein Begriff übersetzt wird. Beispielsweise wollten wir aufgrund der deutschen Vergangenheit keinen Führer haben und haben das Wort Begleiter gewählt. Den Begriff „Dommer" = Richter haben wir mit Schiedsrichter übersetzt. Die Beispiele ließen sich noch beliebig erweitern. Wir befinden uns zurzeit noch in einer Erprobungsphase und müssen sehen, wie sich Kaninhop entwickelt. Bei ausreichend Zuspruch wird es in Deutschland ähnliche Regeln geben wie in Dänemark oder Schweden. Falls dies erforderlich wird, sollte dies von einer breiten Mehrheit in Deutschland entwickelt werden. In der Anfangsphase **65**

sollten die bestehenden Organisationseinheiten der Kaninchenzüchter mit ihren Vereinen, Kreis- und Landesverbänden sowie
dem Zentralverband auf dem Laufenden gehalten werden, damit
Kaninhop im Einklang mit der Organisation entwickelt werden
kann. Ein Abspalten der Kaninhop-Interessierten von den Kanin-
chenzüchtern, wie in Schweden geschehen, halte ich aufgrund des
gemeinsamen Interesses am Kaninchen für völlig verfehlt.

Augenblicklich ist für Kaninhop beim Landesverbandsvorstand
der Jugendleiter unser Ansprechpartner. Über ihn konnte mit dem
Landesverbandsvorstand der Schleswig-Holsteinischen Kaninchenzüchter vereinbart werden, dass die nicht reinrassigen oder auch
untätowierten Rassekaninchen im linken Ohr tätowiert werden:
falls bekannt mit dem Geburtsmonat, Geburtsjahr und einer laufenden Nummer. Das rechte Ohr soll nicht tätowiert werden. Dem
Vereinszuchtbuch wird ein Zusatzblatt mit dem Namen und der
Anschrift des Kaninchenbesitzers, dem Namen des Kaninchens,
der Rasse und Farbe (so weit erkennbar), dem Täto und dem
Datum der Tätowierung beigelegt.

Durch diese Tätowierung kann auch eine RHD-Impfbescheini-
gung durch den Tierarzt erstellt und von jedem Ordner bei RHD-
impfpflichtigen Ausstellungen kontrolliert werden.

Neben Kaninhop hat für Kinder mit ihrem Heimtier-Kanin-
chen die Mitgliedschaft in einem Kaninchenzuchtverein den Vorteil, dass der Preis einer RHD-Impfung wesentlich günstiger wird,
wenn die Impfung der Einzeltiere als Sammelaktion am Stall eines
Züchters stattfindet.

Kaninhop-Regeln

Wer in der Öffentlichkeit einen Kaninhop-Wettbewerb mit verschiedenen Teilnehmern durchführen möchte, der kommt ohne Regeln kaum aus, ohne dass es auf Dauer zu Missstimmungen kommt. Teilnehmer fühlen sich ungerechtfertigt behandelt oder aus Ehrgeiz ist das Kaninchen als Lebewesen schnell vergessen und schneller über die Hindernisse getrieben, als es dem Kaninchen lieb ist. Hierunter leidet nicht nur das Kaninchen, sondern auch der Zuschauer wird sich abwenden, berechtigterweise kommt ferner öffentliche Kritik auf und der Kaninchenzucht und -haltung ist ebenso Schaden zugefügt und letztlich auch dem Kaninhop.

Da mein Verein, der U 31 Eutin, sich Kaninhop aus Dänemark abgeguckt hat, haben wir auch die dänischen Regeln ins Deutsche übersetzt und verfahren danach, wenn es sinnvoll erscheint. Für dieses Buch habe ich überlegt, ob ich nur die wichtigsten oder alle Regeln angeben sollte. Ich habe mich für die Zitierung aller Regeln entschieden und möchte es lieber jedem Einzelnen überlassen, welche Regeln nicht beachtet oder abgewandelt werden. Sofern im Regelwerk der Dänische Kaninchenzuchtverband angegeben ist, ist dies bislang noch nicht geändert. Dieses Regelwerk wird auf Dauer sicherlich abgeändert und deutschen Strukturen angepasst werden müssen. Da aufgrund der geringen Fachkenntnisse in Deutschland im Augenblick noch keine Diskussion geführt werden kann und auch noch kein Gremium existiert, das ein Regelwerk beschließen kann, haben wir uns in Eutin entschlossen, nach den dänischen Regeln (Stand 2000) zu verfahren. Dabei haben wir beispielsweise das Startbuch als Leistungsnachweis des Kaninchens, in welcher Klasse es starten darf, nicht eingeführt. Noch haben wir aufgrund der geringen Anzahl der Kaninchen den Überblick und diskutieren den Leistungsstand des Kaninchens in der Gruppe aus.

In Dänemark sind die Regeln in der Zwischenzeit in einzelnen Punkten geändert worden. Diese Änderungen sind in dem nachstehend übersetzten Regelwerk nicht berücksichtigt. Bei einer gemeinsamen Veranstaltung in Dänemark haben uns die Dänen als weitere Variante das Ausscheidungsspringen erläutert. Da dies sehr **67** viel Spaß macht und alle Kaninchen daran teilnehmen können, unabhängig davon, in welcher Klasse sie sich befinden, haben wir bei einigen Vorführungen auch ein Ausscheidungsspringen durchgeführt. Die Einzelheiten dieses Wettbewerbs erläutere ich am Ende dieses Kapitels.

Damit das Wohlergehen des Kaninchens möglichst ohne Einschränkungen gewährleistet werden kann, steht es auch bei den Kaninhop-Regeln im Vordergrund. Auch wenn am Anfang nicht gleich alle Regeln beherzigt werden, sollten für jeden, der Kaninhop betreiben möchte, die Regeln über die Behandlung des Kaninchens unbedingt Beachtung finden.

Die Notwendigkeit der Regeln über die Durchführung der Bewertung, einschließlich einer höchstzulässigen Zeit für die Bewältigung des Parcours, leuchten jedem schnell ein, der sich mit springenden Kaninchen beschäftigt.

Bei der Einteilung in die verschiedenen Klassen sollten Anfänger nur in der Leichten Klasse starten. Die gerade Bahn hat für die Kaninchen den Vorteil, dass sie in ihrem Bewegungsdrang nicht gebremst werden. Der Parcours ist sowohl für das Kaninchen wegen des ständigen Abbremsens und Wendens als auch für den Begleiter wegen der optimalen Laufrichtung eine Herausforderung. Nachdem wir in Eutin zwei Jahre in der Leichten und Mittelschweren Klasse gestartet sind, überlegen wir den Einstieg in die Schwere Klasse. Dazu ist es erforderlich, dass für einen Wettbewerb rein zahlenmäßig genügend Tiere vorhanden sein müssen, die in der Lage sind, Hindernishöhen bis 40 cm Höhe zu überspringen.

Die Regeln zu den Bahnen und Hindernissen betreffen den Aufbau einer Sprungstrecke und gehören mit zu den Regeln, die man unbedingt kennen sollte, wenn man einen Wettbewerb durchführen möchte.

Die Korrekturen sind wieder Regeln, die rechtzeitig gelesen und stets beherzigt werden sollten. Es gibt bei den Korrekturen einige, die der Begleiter eines Kaninchens nicht unbedingt vermeiden sollte. Manchmal ist eine Korrektur auch eine Hilfestellung für das Kaninchen. Dies trifft zu, wenn beispielsweise der Begleiter ein Kaninchen, das sich zu dicht vor einem Hindernis befindet, wieder etwas zurücksetzt.

Hier die Übersetzung der dänischen Kaninhop-Regeln aus dem Jahr 2000 ins Deutsche:

Kapitel 1

Aufführung und Behandlung der Kaninchen

Teilnehmer:

1. Die Teilnehmer sollen guten Sportgeist und gutes Auftreten gegenüber den Veranstaltern und anderen Teilnehmern zeigen. Die Teilnehmer sollen die Entscheidungen des Schiedsrichters akzeptieren, sofern diese in Übereinstimmung mit den Regeln getroffen wurden.
2. Nur Kaninchen mit einem Startbuch des Dänischen Kaninchenzuchtverbandes können an offiziellen Wettbewerben teilnehmen.
3. Schiedsrichter und Turnierleitung können einen Ausschluss von dem Wettbewerb beschließen, wenn der Teilnehmer sich einer grob unachtsamen Behandlung eines Kaninchens schuldig gemacht hat. Schwere und wiederholte Fälle werden dem Dänischen Kaninchenzuchtverband zur weiteren Behandlung überlassen.
4. Das Kaninchen und sein Begleiter sind ein Team. Deshalb ist es nicht erlaubt, sein Kaninchen anderen Begleitern während eines Wettbewerbs zu überlassen, der aus mehreren Teilwettkämpfen besteht, in denen Punkte für ein Gesamtresultat ermittelt werden.
5. Teilnehmer werden nach einer Verwarnung disqualifiziert, wenn Mithelfer oder das Publikum dem Teilnehmer helfen, z. B. durch Angabe der gegnerischen Position beim Zweikampf, Angabe des richtigen Weges beim Hindernisparcours oder Ähnliches. Wenn die Hilfe von einem anderen Teilnehmer kommt, wird dieser nach einer Verwarnung ebenfalls disqualifiziert.
6. Die Teilnehmer dürfen die Bahn vor dem Start nicht betreten. Die Teilnehmer dürfen jedoch einen Hindernisparcours ohne Kaninchen betreten, nachdem die Bahn vom Schiedsrichter zur Ansicht freigegeben wurde.
7. Teilnehmer, die sich ohne gültigen Grund bzw. ohne Ankündigung 30 Sek. nach dem Aufruf nicht am Start einfinden, werden von diesem Start ausgeschlossen.

Behandlung der Kaninchen:

8. Alle Kaninchenrassen und Kreuzungen können an Wettkämpfen teilnehmen. Es wird kein Abstammungsnachweis verlangt.

9. Das Hopkaninchen soll mindestens 4 Monate alt sein, um an einem Wettkampf, einer Abzeichenprüfung oder einer Klassenprüfung teilnehmen zu können. Bei Meisterschaften mit Klassenprüfungen zur Eliteklasse in sämtlichen Zweigen sollen die Kaninchen mindestens 6 Monate alt sein. Andere Spiele/Wettkämpfe als die, die in den Regeln beschrieben sind, können durchgeführt werden, wenn auf jeden Fall Rücksicht auf das Wohlergehen und die Kondition des Kaninchens genommen wird.

10. Nur gesunde Kaninchen können an Wettkämpfen, Klassenprüfungen, Abzeichenprüfungen, Vorführungen oder an dem gemeinsamen Training teilnehmen. Im Zweifelsfall entscheiden die Schiedsrichter oder die Turnierleitung über einen eventuellen Ausschluss. Eine Gesundheitsüberprüfung findet vor Beginn der Veranstaltung statt. Schiedsrichter oder Turnierleitung haben das Recht, ein tierärztliches Attest zu verlangen, sofern sie es für die Sicherheit und den Schutz der Kaninchen für äußerst notwendig halten. Säugende Häsinnen und Kaninchen, die länger als 14 Tage trächtig sind, dürfen an Wettkämpfen, Abzeichen- oder Klassenprüfungen nicht teilnehmen.

11. Die Kaninchen sollen auf den Bahnen immer an der Leine gehalten werden, sodass der Begleiter das Kaninchen bei eventueller Gefahr schnell einfangen kann. Ausnahmen dürfen jedoch bei Wettkämpfen im Hoch- und Weitsprung gemacht werden, wenn das Hindernis in einer passenden Einzäunung steht. Eine Rollleine ist nur bei Wettkämpfen im Hoch- und Weitsprung zugelassen.

12. Nur ein Geschirr ist zugelassen, kein Halsband ohne Brustgurt. Wenn das Geschirr in einem Durchlauf ganz oder teilweise abfällt oder die Position so ändert, dass das Kaninchen ernstlich behindert wird, darf das in Ordnung gebracht werden, ohne dass die Zeit angehalten wird. Der Durchlauf ist von der Stelle aus, an der der Nachteil entstanden ist, fortzusetzen.

13. Die Leine des Kaninchens soll am Brustband des Geschirrs befestigt sein. Die Leine darf das Kaninchen nicht beim Sprung

über das Hindernis behindern. Die Leine darf nicht stramm gehalten werden, während das Kaninchen springt, unabhängig von der Leinenlänge. Die Hand des Begleiters darf sich in dem Augenblick, wo das Kaninchen springt, nur bei einer lockeren Leine über dem Kaninchen befinden. Die Leine darf im Übrigen nicht aus elastischem Material hergestellt sein.

14. Die Kaninchen sollen sich durch die Bahn und über die Hindernisse aus eigenem freiem Willen bewegen. Sie dürfen nur mit den Händen vorwärts gelenkt werden. Die Anwendung des Fußes ist nicht zugelassen. Die Kaninchen dürfen auch nicht an der Leine gezogen oder hochgehoben werden. Weder zwischen noch über den Hindernissen. Die Leine darf nicht als Peitsche benutzt werden. Das Kaninchen darf nicht durch die Bahn hindurch mit Stampfen oder gewaltig lärmendem Verhalten gestresst werden. Die Kaninchen sollen nicht durch die Bahn gezwungen werden, indem der Begleiter allzu eifrig hantiert.

15. Das Kaninchen darf nicht nachlässig behandelt werden, es darf nicht am Rücken- oder Nackenfell angehoben werden oder in einer anderen Weise schlecht behandelt werden. Dies gilt sowohl während als auch vor dem Wettkampf.

16. Das Kaninchen darf nicht ohne Aufsicht in der Wettkampfumgebung zurückgelassen werden, wenn es nicht im Käfig ist.

Kapitel 2

Bewertung

17. Die Bewertungsmethode und die Höchstzeit sollen bei der Anzeige des Wettbewerbs und immer vor Beginn des Wettbewerbs angegeben werden.

18. Die empfohlene Höchstzeit beträgt 2 Minuten. Bei einem Hindernisparcours kann die Höchstzeit auch auf 3 Minuten festgelegt werden. Die kürzeste zugelassene Zeit auf einer Bahn ist 1 Minute. Es kann bestimmt werden, dass für die Überschreitung der Höchstzeit zusätzliche Fehler berechnet werden. Wenn eine andere Höchstzeit als 2 Minuten vereinbart ist, sollte es beim Wettkampfstart angegeben werden.

71

19. Bei gleicher Fehlerzahl gewinnt das Kaninchen, das die Bahn in der kürzeren Zeit durchlaufen hat. Bei gleicher Fehlerzahl und gleicher Zeit findet ein weiterer Durchlauf statt.

20. Das Kaninchen darf über oder aus einem niedergerissenen Hindernis gehoben werden, ohne dass dies mit einem extra Fehler belastet wird. Das Kaninchen soll dort abgesetzt werden, wo es natürlich gelandet wäre.

21. Das Niederreißen von Einrahmungen und Seitenstücken der Hindernisse zählt ebenfalls als Niederreißen.

22. Hindernisse, die verkehrt aufgebaut sind oder vom vorhergehenden Team umgerissen wurden, rechnen als fehlerfrei übersprungen.

23. Folgendes gilt als 1 Fehler:
    a) Niederreißen (durch Kaninchen oder Begleiter).
    b) Schief über das Hindernis springen, sodass die Seitenteile übersprungen werden.
    c) Das Kaninchen wird über ein nicht umgerissenes Hindernis gehoben.
    d) Korrektur: 3 Korrekturen ergeben 1 Fehler (siehe Regel Nr. 150).
    e) Fehlstart
    f) Zeitfehler; Fehler gibt es für jeden angefangenen Zeitabschnitt nach der Zeitgrenze (s. Punkt 18).
    g) Das Kaninchen wird über dem Hindernis an der Leine hochgezogen.

24. Folgendes führt zu einer Disqualifikation von dieser Disziplin:
    a) Die Höchstzeit ist überschritten.
    b) Deutliche Unlust zu springen.
    c) Verkehrter Weg in der Bahn.
    d) Wiederholter Fehlstart im selben Durchlauf.
    e) Das Kaninchen hat die Bahnanlage verlassen.
    f) Der Begleiter verliert die Leine und das Kaninchen springt über ein Hindernis.
    g) Unachtsame Behandlung des Kaninchens.
    h) Der Begleiter erscheint trotz Verwarnung nicht rechtzeitig zum Start.

25. Für Folgendes gibt es eine Verwarnung für eine mögliche Disqualifikation:
    a) Unpassendes Hantieren mit dem Kaninchen.

b) Fehlerhaft gehaltene Leine, die das Kaninchen beim Springen behindert.

c) Kaninchen wird an der Leine angehoben.

d) Der Begleiter geht über das Hindernis.

e) Begleiter und Kaninchen befinden sich vor dem Aufruf zum Start in der Bahn.

f) Der Begleiter bekommt Hilfe von den Zuschauern oder dem Publikum oder hilft selbst einem anderen Teilnehmer.

g) Der Begleiter erscheint nicht rechtzeitig zum Start.

h) Nachdem das Kaninchen über das Hindernis gehoben wurde, setzt der Begleiter es nicht an der Stelle nieder, wo es natürlich gelandet wäre (s. Punkt 20).

26. Für Folgendes gibt es eine Verwarnung für eine Disqualifikation, welche für das ganze Treffen ausgesprochen wird: Unsportliches Auftreten

27. Bewertungssysteme:

a) 1 Durchlauf, Fehler und Zeit sind entscheidend. Darf nur in der Eliteklasse angewandt werden.

b) 1 Durchlauf und Finale. Die Kaninchen mit der geringsten Fehlerzahl (vorher festgelegte Anzahl von Kaninchen und alle, die gleich viel Fehler wie das letzte Festgelegte haben) kommen nach dem 1. Durchlauf ins Finale.

c) 1 Durchlauf und Finale. Eine begrenzte Anzahl – nach im Voraus bekannt gemachten Kriterien – kommt ins Finale.

d) 2 Durchläufe.

e) 2 Durchläufe und Finale (wie c), nur mit 2 Durchläufen für alle.

f) Mindestens 3 Durchläufe.

28. Im Fall 27b–f wird der Wettkampf nach einer der folgenden Methoden bewertet:

a) Fehler und Zeit werden zusammengerechnet.

b) Die Fehler werden zusammengerechnet, aber nur die Zeit des letzten Durchlaufs/des Finales ist für das Resultat entscheidend.

c) Das Finale wird als „reines Finale" durchgeführt, d. h. nur das Resultat des Finales zählt (der vorhergehende Durchlauf oder die vorhergehenden Durchläufe werden „vergessen").

29. Die Bewertungsmethode soll vor dem Start angegeben werden.

30. Klagen über Entscheidungen des Schiedsrichters sollen an den Schiedsrichter am besten gleich nach dem Durchlauf und sonst vor Abschluss der betreffenden Klasse gerichtet werden. **73**

Kapitel 3

Klasseneinteilungen

Gerade Hindernisbahn:

31. Eliteklasse:	mind. 12 Hindernisse
	mind. 220 cm Abstand
	zwischen den Hindernissen
	max. Höhe 50 cm
	mind. 4 Weitsprünge, max. Länge 70 cm
	Wassergraben obligatorisch
Schwere Klasse:	mind. 10 Hindernisse
	mind. 200 cm Abstand
	zwischen den Hindernissen
	max. Höhe 40 cm
	mind. 3 Weitsprünge, max. Länge 55 cm
	Wassergraben obligatorisch
Mittelschwere Klasse:	mind. 10 Hindernisse
	mind. 200 cm Abstand
	zwischen den Hindernissen
	max. Höhe 35 cm
	mind. 2 Weitsprünge, max. Länge 40 cm
	Wassergraben obligatorisch
Leichte Klasse:	mind. 8 Hindernisse
	mind. 180 cm Abstand
	zwischen den Hindernissen
	max. Höhe 25 cm
	1 Weitsprung, max. Länge 25 cm

32. Bei Wettbewerben kann die Bahn mit einem Hindernis gebogen werden, für dessen Niederreißen es keinen Fehler gibt. In der Eliteklasse kann die Anzahl der Hindernisse ferner auf 10 herabgesetzt werden, aber doch so, dass es auch dann noch 4 Weitsprünge gibt. Das Vorgenannte gilt nicht für Meisterschaften.

Hindernisparcours:

33. Eliteklasse: mind. 16 Hindernisse
                    max. Höhe 50 cm
                    mind. 4 Weitsprünge, max. Länge 70 cm
                    Wassergraben obligatorisch
      Schwere Klasse: mind. 14 Hindernisse, max. Höhe 40 cm
                    mind. 3 Weitsprünge, max. Länge 55 cm
                    Wassergraben obligatorisch
      Mittelschwere   mind. 12 Hindernisse
      Klasse: max. Höhe 35 cm
                    mind. 2 Weitsprünge, max. Länge 40 cm
                    Wassergraben obligatorisch
      Leichte Klasse: mind. 10 Hindernisse
                    max. Höhe 25 cm
                    mind. 1 Weitsprung, max. Länge 25 cm

Beim Hindernisparcours soll der Abstand zwischen den Hindernissen wenigstens so groß sein wie der Mindestabstand auf der geraden Hindernisbahn.

34. In der Eliteklasse kann die Anzahl der Hindernisse auf 10 herabgesetzt werden, wenn besondere Umstände dafür sprechen. Das gilt nicht für Meisterschaften.

Weitsprung:

35. Die kürzeste Anfangslänge beträgt 40 cm. Die Anfangslänge soll bei der Bekanntgabe des Wettkampfes angezeigt werden. Die Länge wird bei jedem Durchgang um 20 cm heraufgesetzt. Ab 140 cm wird die Länge um 10 cm pro Durchgang vergrößert. Ab 200 cm wird um 5 cm pro Durchgang verlängert. Die Zeit beträgt 2 Minuten pro Länge und beginnt mit dem Kommando des Schiedsrichters und stoppt beim Landen. Die Uhr wird beim 2. und 3. Versuch wieder gestartet.

36. Das Kaninchen bekommt bis zu 3 Versuche nacheinander bei jeder Länge, bevor es zur nächsten Länge weitergeht oder aus dem Wettbewerb ausscheidet.

37. Sämtliche Stangen zählen beim Niederreißen. Wenn der Begleiter eine Stange niederreißt, nachdem das Kaninchen auf

allen vier Beinen gelandet ist, zählt der Sprung als geschafft. Rollleinen dürfen verwandt werden.

38. Wenn das Kaninchen zum Sprung angesetzt hat (die Unterlage verlassen hat) und der Begleiter es an der Durchführung hindert, rechnet das als ein Versuch. Wenn der Begleiter das Kaninchen weiter als 1 m vom Hindernis zurücknimmt, nachdem es begonnen hat zu springen und es näher als 1 m an das Hindernis herangekommen ist, rechnet dies als ein Versuch. Auch wenn das Kaninchen an dem Hindernis vorbeiläuft oder -springt, zählt dies als ein Versuch.

39. Es ist möglich, bei einer späteren Länge zu starten, genauso ist es möglich, mitten im Wettbewerb eine Länge zu überspringen. Dies muss dem Schiedsrichter mitgeteilt werden.

40. Wenn mehrere Kaninchen bei der gleichen Länge ausscheiden, gewinnt das Kaninchen, das bei der vorhergehenden Länge am wenigsten niedergerissen hat; wenn nötig, wird mehrere Längen zurück verglichen. Wenn sie immer die gleiche Platzierung haben, geht das Team voran, das bei den wenigsten Durchgängen mitgemacht hat. In letzter Instanz springen diese Kaninchen drei Durchgänge bei einer Länge vor der Länge, bei der sie ausgeschieden sind.

41. Das Gewinnerkaninchen, das zur nächsten Länge bereit ist, hat das Recht, den Wettkampf bei einer frei gewählten Länge fortzusetzen, um einen Rekord aufzustellen oder sein Resultat zu verbessern. Das Kaninchen bekommt bis zu 5 Versuche pro Länge, wenn es versucht, einen Landes- oder Weltrekord aufzustellen.

Hochsprung:

42. Die Starthöhe beträgt mindestens 25 cm. Die Anfangshöhe soll bei Bekanntgabe des Wettkampfes angezeigt werden. Die Zeit beträgt 2 Minuten pro Höhe und beginnt mit dem Kommando des Schiedsrichters und stoppt bei der Landung des Kaninchens. Die Uhr wird beim 2. und 3. Versuch wieder gestartet.

43. Das Kaninchen bekommt bis zu 3 Versuche nacheinander, bevor es zur nächsten Höhe weitergeht oder aus dem Wettbewerb ausscheidet. Das Hindernis darf von der Seite genommen werden, von der der Begleiter es wünscht.

44. Sämtliche Stangen zählen beim Niederreißen. Wenn der Begleiter eine Stange niederreißt, nachdem das Kaninchen auf allen vier Beinen gelandet ist, zählt der Sprung als geschafft. Eine Rollleine darf verwandt werden.

45. Wenn das Kaninchen zum Sprung angesetzt (die Unterlage verlassen) hat und der Begleiter es an der Durchführung hindert, rechnet das als ein Versuch. Wenn der Begleiter das Kaninchen weiter als 1 m vom Hindernis zurücknimmt, nachdem es begonnen hat zu springen, und es näher als 1 m an das Hindernis herangekommen ist, rechnet dies als ein Versuch. Wenn das Kaninchen an dem Hindernis vorbeiläuft oder vorbeispringt, zählt dies als ein Versuch.

46. Es ist möglich, bei einer späteren Höhe zu starten, genauso ist es möglich, mitten im Wettbewerb eine Höhe zu überspringen. Dies muss dem Schiedsrichter mitgeteilt werden.

47. Wenn mehrere Kaninchen bei der gleichen Höhe ausscheiden, gewinnt das Kaninchen, das bei der vorhergehenden Höhe am wenigsten niedergerissen hat; wenn nötig, wird mehrere Höhen zurück verglichen. Wenn sie immer die gleiche Platzierung haben, geht das Team voran, das bei den wenigsten Durchgängen mitgemacht hat. In letzter Instanz springen diese Kaninchen drei Durchgänge bei einer Höhe vor der Höhe, bei der sie ausgeschieden sind.

48. Das Gewinnerkaninchen, das zur nächsten Höhe bereit ist, hat das Recht, den Wettkampf bei einer frei gewählten Höhe fortzusetzen, um einen Rekord aufzustellen oder sein Resultat zu verbessern. Das Kaninchen erhält 3 Versuche pro Höhe. Bei einem dänischen oder nordischen Rekord jedoch 5 Versuche. **77**

Andere Kaninchenspiele/Konkurrenzen

Punktspringen:

49. Punktspringen wird auf einer Bahn mit 10 Hindernissen aus-geführt, platziert in einem Kreis von 8 m Durchmesser. Die ma-ximale Zeit beträgt eine Minute. Die Zeit beginnt mit dem Kommando des Schiedsrichters. Für jedes übersprungene Hin-dernis gibt es einen Punkt. Das Kaninchen, das in der angege-benen Zeit die meisten Hindernisse überspringt, gewinnt. Das Kaninchen darf an keinem Hindernis vorbeispringen.
50. Bei gleicher übersprungener Hinderniszahl gewinnt das Kanin-chen, das die wenigsten Hindernisse gerissen hat. Bei weiterem Gleichstand findet ein Stechen mit der halben Zeit statt.
51. Die maximale Höhe der Hindernisse beträgt 35 cm. Die Höhe wird bei der Ankündigung des Wettbewerbs angegeben.

Duellspringen:

52. Duellspringen wird auf zwei parallel aufgestellten Hindernis-bahnen ausgeführt. Jede Bahn hat mindestens 10 gleiche Hin-dernisse. Der Gewinner von jedem Duell wird für die nächste Runde platziert. Dieses wird wiederholt. Bei einer ungleichen Anzahl von Teilnehmern in einer Runde wird vorweg einer ge-zogen, der ohne Durchgang an der nächsten Runde teilneh-men kann. Wenn nur noch drei Kaninchen im Wettbewerb sind, treten die beiden Kaninchen mit den wenigsten Fehlern im Finale um den ersten und zweiten Platz gegeneinander an. Das dritte Kaninchen wird Dritter.
53. Der Start beginnt auf Kommando des Schiedsrichters.
54. Die maximale Höhe der Hindernisse beträgt 35 cm. Die Höhe wird bei der Ankündigung des Wettbewerbs angegeben.

Figurspringen:

55. Figurspringen wird auf einer Bahn mit mindestens 15 Hindernissen ausgeführt. Die Bahn wird nach Wahl in einer Figur aufgestellt, z. B. als S, Z, U oder in einer anderen Figur.
56. Die maximale Höhe der Hindernisse beträgt 35 cm. Die Höhe wird bei der Ankündigung des Wettbewerbs angegeben.

Slalomspringen:

57. Slalomspringen wird auf einer Bahn mit mindestens 10 Hindernissen ausgeführt. Die Hindernisse werden nebeneinander aufgestellt, sodass nur eine gerade Linie entsteht. Der Abstand zwischen den Hindernissen soll mindestens einen Meter betragen.
58. Die maximale Höhe der Hindernisse beträgt 35 cm. Die Höhe wird bei der Ankündigung des Wettbewerbs angegeben.

Geländespringen:

59. Geländespringen wird auf einem kupierten Feld durchgeführt. Meistens auf einer langen Strecke mit 10 bis 15 Hindernissen in verschiedener Höhe, die maximale Höhe beträgt 30 cm. Hier werden nicht die gleichen Anforderungen an die Hindernisse wie in den übrigen Disziplinen gestellt, weil die Hindernisse aus natürlichen Materialien aufgebaut werden wie Stöcken, Zweigen oder Ähnlichem. Die übrigen Regeln sind gleich. Hindernisse aus Steinen oder ähnlichem Material sind nicht zugelassen.
60. Beurteilung: ein Fehler für Abbruch des Hindernisses. Es gibt nur einen Durchgang ohne zeitliches Limit.

Medaillen:

61. Die Prüfungen für Medaillen finden an besonders ausgeschriebenen Prüftagen statt. Alle Prüfungen für die Medaillen finden an einem Prüftag statt. Die Medaillen sollen in der nachstehenden Reihenfolge vergeben werden. Alle Medaillen können in einem Jahr vergeben werden.

62. Medaillen in den Wertungen Gold, Silber und Bronze werden für Kaninchen nach folgender Leistung vergeben:

    Gold:
    Elitebahn, 12 Hindernisse, maximal 50 cm hoch, mit maximal zwei Fehlern in maximal 60 Sekunden in bis zu 2 Versuchen. Hochsprung 60 cm, Weitsprung 150 cm in maximal 3 Versuchen.

    Silber:
    Schwere Bahn, 10 Hindernisse, maximal 40 cm hoch, fehlerfrei in maximal 45 Sekunden in bis zu 2 Versuchen. Hochsprung 50 cm, Weitsprung 130 cm in maximal 3 Versuchen.

    Bronze:
    Mittelschwere Bahn, 10 Hindernisse, maximal 35 cm hoch, fehlerfrei in maximal 30 Sekunden in bis zu 2 Versuchen. Hochsprung 40 cm, Weitsprung 110 cm in maximal 3 Versuchen.

    Die Medaillen können angefordert werden beim Vorsitzenden des Kaninhop-Ausschusses.

Kapitel 4

Aufrücken

63. Das Aufrücken von der Leichten in die Mittelschwere Klasse usw. kann wie folgt stattfinden:
    a) nach einem Punktesystem
    b) nach einer Klassenprüfung
64. Alle Aufrückergebnisse sollen aus dem Startbuch des Kaninchens hervorgehen.
65. Die Wettbewerbsteilnehmer tragen selbst die Verantwortung dafür, dass sie nicht in einer Klasse antreten, aus der sie aufgerückt sind. Startet ein Kaninchen unberechtigterweise in einer leichteren Klasse, so werden die errungenen Prämien gestrichen, die Startgebühr wird nicht erstattet.
66. Ein Kaninchen kann höchstens eine Klasse pro Tag aufrücken, kann aber Punkte nach dem Punktesystem für die nächste Klasse am selben Tag erhalten.
67. Kaninchen müssen mindestens 6 Monate alt sein, bevor sie in die Eliteklasse aufrücken können.

Punktesystem:

68. Je einen Aufrückpunkt erhalten die bestplatzierten Kaninchen bei einem offiziellen Wettbewerb. (Der Wettbewerb muss angekündigt werden im TFK unter Kaninhop-Kalender, Vereinsmitteilungen oder Ähnlichem).
69. Drei Aufrückpunkte, errungen in der geraden Bahn oder im Parcours, bewirken ein Aufrücken in die nächsthöhere Klasse in der jeweiligen Disziplin (gerade Bahn oder Parcours).
70. Es können Aufrückpunkte vergeben werden für Wettbewerbe der Leichten und Mittelschweren Klasse nach nachstehender Tabelle:

Anzahl der startenden Kaninchen in der jeweiligen Disziplin	Anzahl der Aufrückpunkte
3– 5	1
6–10	2
11–15	3
16–20	4
21–25	5
26–30	6
31–35	7
36–40	8
41–45	9
46–50	10

Über die oben genannten Aufrückpunkte hinaus wird in der Leichten und Mittelschweren Klasse für zwei fehlerfreie Durchläufe 1 Aufrückpunkt vergeben.

Die Anzahl der Startenden wird nach den Teilnehmern errechnet, die zum Start kommen und die eine Starterlaubnis vom Schiedsrichter erhalten.

71. In der Schweren Klasse gibt es für zwei Durchläufe (innerhalb eines Wettbewerbs) mit zwei Fehlern oder weniger (maximal 4 Fehler bei zwei Durchläufen) einen Aufrückpunkt für die Eliteklasse.

72. Wenn ein Kaninchen in der geraden Bahn aufrückt, sodass mehr als eine Klasse Unterschied zum Parcours besteht, rückt es im Parcours auf, sodass maximal eine Klasse Unterschied besteht. Das Gleiche gilt umgekehrt.

73. Kaninchen können nur in der Klasse starten, für die sie qualifiziert sind. Es ist jedoch auch möglich, dass ein Wettbewerb für Kaninchen für mehrere Klassen geöffnet wird.

74. Wird eine Klasse für andere Kaninchen geöffnet, muss dies bei der Ankündigung des Wettbewerbs mitgeteilt werden. Aus der Mitteilung muss auch hervorgehen, welche Klassen zusammen starten.

75. Kaninchen, die sich in einer höheren offenen Klasse platzieren, als in der sie klassifiziert sind, erhalten zwei Aufrückpunkte in ihrer klassifizierten Klasse. Erhält ein Kaninchen mehr als

die drei erforderlichen Aufrückpunkte für die nächste Klasse, geht der Mehrpunkt verloren.

76. Bei Wettbewerben, die für höher klassifizierte Kaninchen geöffnet sind, können die Kaninchen der höheren Klasse keine Aufrückpunkte sammeln.

Wenn beispielsweise die Mittelschwere Klasse für die Schwere Klasse geöffnet ist und 7 Kaninchen der Mittelschweren Klasse und 3 Kaninchen der Schweren Klasse starten, wird für die beiden bestplatzierten Kaninchen der Mittelschweren Klasse je ein Aufrückpunkt vergeben. Darüber hinaus kann für ein weiteres Kaninchen der Mittelschweren Klasse, das nicht platziert wurde, für zwei fehlerfreie Durchgänge ein Aufrückpunkt vergeben werden.

Klassenprüfung:

77. Die Klassenprüfung kann aus den folgenden Gründen durchgeführt werden:
    a) Besonders talentierte Kaninchen in den unteren Klassen sollen die Chance zum schnelleren Aufrücken haben, als es mit Aufrückpunkten möglich ist.
    b) Zum Aufrücken in die Eliteklasse, um an der Dänischen Meisterschaft teilnehmen zu können.
78. Klassenprüfungen brauchen nicht in der Kaninchenzüchterzeitschrift bekannt gegeben zu werden. Sie sind vor einem Schiedsrichter mit gültiger Lizenz abzulegen.
79. Bei Klassenprüfungen in den höheren Klassen in der geraden Bahn oder dem Parcours muss das Kaninchen fehlerfrei in max. 2 Minuten eine Bahn, die in der zu prüfenden Klasse aufgebaut ist, schaffen. Es sind maximal 2 Versuche möglich. In der Klassenprüfung für Elite dürfen jedoch in einem der beiden Durchläufe 2 Fehler gemacht werden.
80. Klassenprüfungen dürfen nur in der nächsthöheren Klasse stattfinden, außer es handelt sich um eine Klassenprüfung, um an der Dänischen Meisterschaft teilnehmen zu können. Es kann für die nachfolgende Teilnahme an der Dänischen Meisterschaft diese Dokumentation von Kaninchen und Begleiter verlangt werden.

83

81. Kaninchen, die die Klassenprüfung geschafft haben, gehören danach der betreffenden Klasse an. Automatisch rückt das Kaninchen in der geraden Bahn oder dem Parcours auf, sodass höchstens eine Klasse Unterschied vorhanden ist (siehe die Punkte 72–74 des Aufrücksystems).

82. Ein Kaninchen der Eliteklasse ist berechtigt, im Hochsprung für die Dänische Meisterschaft aufgestellt zu werden, wenn es in einem offiziellen Wettkampf oder einer Klassenprüfung 60 cm oder höher gesprungen ist. Beim Weitsprung muss das Kaninchen der Eliteklasse 150 cm oder weiter gesprungen sein.

Seniorenkaninchen:

83. Für ein Kaninchen, das das Alter von 4 Jahren erreicht hat, kann der Begleiter wählen, ob das Kaninchen künftig permanent mit Seniorenstatus geführt werden soll. Der Begleiter soll dies in das Startbuch mit Datum und Unterschrift eintragen. Der Begleiter soll auch dem Wettbewerbsveranstalter mitteilen, dass das Kaninchen mit Seniorenstatus startet. Der Begleiter braucht dem Kaninchen nicht in sämtlichen Disziplinen Seniorenstatus zu geben, beispielsweise kann das Kaninchen seinen Status als Elitekaninchen im Hochsprung behalten. Der Seniorenstatus bewirkt Folgendes: Ein Seniorenkaninchen, das z. B. in der Eliteklasse gewesen ist, kann künftig in der Leichten, Mittelschweren, Schweren oder Eliteklasse nach dem Wunsch des Begleiters und unter Berücksichtigung der Veranstaltungsbedingungen starten (d. h., es muss eine normale Gebühr bezahlt werden, es sei denn, der Veranstalter bestimmt etwas anderes).

   1. Ein Seniorenkaninchen kann nicht in einer höheren Klasse starten als in der, wofür es qualifiziert war.

   2. Seniorenkaninchen können keine Aufrückpunkte erhalten, bei Klassenprüfungen aufrücken oder ordinäre Prämien in einem Wettbewerb gewinnen (aber wohl besondere Seniorenprämien oder Ähnliches).

   3. Seniorenkaninchen können in besonderen Seniorenklassen (nur für Seniorenkaninchen) mit voller Prämienberechtigung teilnehmen.

4. Seniorenkaninchen kann ihr Ergebnis, das sie mit den anderen Kaninchen der Klasse zusammen errungen haben, mitgeteilt und in das Startbuch eingetragen werden, wenn der Begleiter es wünscht.

Seniorenkaninchen werden bei der Austeilung von Aufrückpunkten nicht berücksichtigt.

Kapitel 5

Bahnen und Hindernisse

84. Die Bahnen sollen auf passende Weise eingezäunt sein und den Teilnehmern auf beiden Seiten ausreichend Platz geben.
85. Bei der geraden Bahn soll die Mindestbreite bei der Einzäunung 4 m betragen und es soll ein Abstand von mindestens 2,30 m vor dem Start- und hinter dem Zielhindernis sein.
86. Die Bahn soll auf einer ebenen Unterlage, die nicht glatt sein darf, aufgestellt werden. Wenn die Bahn auf einem Rasenplatz ist, soll er kurz gemäht und ohne Löcher sein. Es sollen Teppiche verwendet werden, sofern der Wettbewerb auf einer harten Unterlage oder in einem Gebäude stattfindet.
87. Die Breite des Teppichs auf der geraden Bahn soll mindestens 80 cm betragen.
88. Dekorationen in der Bahn oder an den Hindernissen dürfen die Teilnehmer nicht beim Durchlaufen der Bahn beeinträchtigen. Sofern ein Teilnehmer eine Dekoration umwirft, zählt das nicht als Fehler.
89. Start- und Zielhindernis sollen vorhanden sein, zählen aber nicht als Hindernis.
90. Andere Tiere dürfen die Bahn nicht betreten und sollten nach Möglichkeit nicht in der Wettkampfumgebung sein. Die Richter oder Veranstalter sollen Besucher, die ein Tier mitbringen, informieren und darum bitten, Rücksicht zu nehmen.
91. Es sollen mindestens 3 Übungshindernisse vorhanden sein. Die Aufwärmbahn soll dicht bei der Wettkampfbahn platziert sein. Bei großen Wettkämpfen sollen sich die Teilnehmer in der Reihenfolge, die auf der Startliste angegeben ist, bei der Aufwärmbahn einfinden.

92. Die Aufwärmbahn soll so weit von der Wettkampfbahn entfernt sein, dass sie die Teilnehmer nicht stört.

93. Der Wassergraben soll so in der Bahn platziert sein, dass der Schiedsrichter ihn vollständig sehen kann. Wenn das nicht möglich ist, soll der Wassergraben von einem Beisitzer kontrolliert werden.

94. Auf der geraden Bahn soll der Abstand zwischen den Hindernissen die ganze Bahn hindurch gleich sein. Der Abstand wird von der hintersten Stange des vorhergehenden Hindernisses bis zur ersten Stange des folgenden Hindernisses gemessen.

95. Bei dem Parcours gilt es so sanfte Schwünge wie möglich zu erreichen. Die Bahn soll logisch aufgebaut sein und Begleiter und Kaninchen sollen ihr leicht folgen können. Die Nummern an jedem Hindernis sollen deutlich sein. Die Bahn soll so ausgeformt sein, dass der Begleiter nicht in die Versuchung kommt, selbst über die Hindernisse zu steigen. Die Bahn soll so aufgebaut sein, dass dasselbe Hindernis nicht zweimal im selben Durchlauf vorkommt.

96. Der Mindestabstand zur Einzäunung soll an keiner Stelle kleiner als 150 cm sein. Das gilt für sämtliche Wettkampfarten.

97. Das Maß der Hindernisse ist wie folgt zu messen: Höhe = Abstand zwischen dem Boden und dem höchsten Punkt der obersten Stange. Länge/Weite = Abstand zwischen der Vorderkante der ersten Stange und der Hinterkante der letzten Stange. Breite = kleinster Abstand zwischen den Innenseiten der Seitenstücke.

98. Start- und Zielhindernis sollen aus Seitenstücken und einer Stange von höchstens 10 cm Höhe bestehen. Das Niederreißen dieser Hindernisse zählt nicht als Fehler.

99. Die Mindestbreite für Bahnhindernisse ist 40 cm. Für Hoch- und Weitsprung ist die Mindestbreite 80 cm.

100. Die Hoch- und Weitsprunghindernisse sollen deutliche Seitenmarkierungen haben, damit das Kaninchen nicht verlockt wird, über die Seiten des Hindernisses zu springen.

101. Die Hindernisse sollen so gestaltet sein, dass das Kaninchen mit Leichtigkeit versteht, wie es sie überspringen soll.

102. Die Hindernisse sollen so gestaltet sein, dass kein Risiko besteht, dass ein Teil des Hindernisses mit Leichtigkeit herun-

tergeweht werden oder aufgrund von Vibrationen des Untergrundes herunterfallen kann.

103. Die Hindernisse sollen Seitenstücke haben, die mindestens 5 cm höher als die Oberkante der obersten Stange sind. Der Wassergraben soll auch Seitenstücke haben.

104. Bei Bahnhindernissen darf der Abstand zwischen den Stangen nicht größer als 8 cm sein.

105. Es soll möglich sein, dass die Hindernisse von beiden Seiten niedergerissen werden können. Feste Stangen sind verboten. Hoch- und Weitsprunghindernisse dürfen jedoch eine befestigte erste Stange haben.

106. Die Seitenstücke der Hindernisse sollen so platziert werden, dass die Stangen lose auf den Seitenstücken liegen. Bei einer unebenen Unterlage dürfen die Seitenstücke justiert werden.

107. Die Hindernisse dürfen nicht aus einem ungeeigneten Material bestehen, sodass die Kaninchen dadurch zu Schaden kommen können. Halterungen für die Stangen aus Nägeln oder Schrauben sind nicht erlaubt.

108. Sofern mehrere Hindernisse zu einem kombiniert werden, darf der Abstand zwischen ihnen nicht so groß sein, dass das Kaninchen zu einer Zwischenlandung verlockt wird.

109. Sofern die Hindernisse verschiedenfarbige Stangen haben, soll die gleiche Farbe während des ganzen Wettkampfes immer zuoberst liegen.

Kapitel 6

Wettbewerbe und Titel

Wettbewerbe:

110. Offizielle Wettbewerbe können nur durch einen dänischen Kaninchenzüchterverein veranstaltet werden.

111. Um einen Wettbewerb als offiziell bezeichnen zu können, müssen alle Mitglieder des Dänischen Kaninchenzüchterverbands davon verständigt werden durch Bekanntmachung in der Kaninchenzuchtzeitschrift.

112. Offizielle Wettbewerbe sollen offen sein für sämtliche Mitglieder dänischer Kaninchenzüchtervereine.

113. Sämtliche Teilnehmer an einem offiziellen Wettbewerb sollen ihr Startbuch beim Veranstalter abgeben. Es ist damit die Verantwortung des Veranstalters, das Ergebnis des Wettbewerbs in dieses Startbuch einzutragen. Der Veranstalter soll das Ergebnis des Wettbewerbs für 5 Jahre aufbewahren, um Rücksicht auf möglicherweise verloren gegangene Startbücher zu nehmen.

114. Nur die Mitglieder eines dänischen Kaninchenzüchtervereins können an der Dänischen Meisterschaft, der Jütländischen Meisterschaft, Fünens Meisterschaft oder Seelands Meisterschaft teilnehmen. Lokale Wettbewerbe sollen offen sein für Teilnehmer, die nicht Mitglied des Dänischen Kaninchenzüchterverbands sind, gegen ein 50 % höheres Startgeld.

115. Die Veranstaltungen der Jütländischen Meisterschaft, Fünens Meisterschaft, Seelands Meisterschaft und der Dänischen Meisterschaft sollen unter Absprache mit dem dänischen Kaninhop-Ausschuss durchgeführt werden. Der Antrag für die Ausrichtung dieser Meisterschaften muss spätestens 6 Monate vor der Veranstaltung bei dem Kaninhop-Ausschuss eingegangen sein.

116. Nur Kaninchen der Eliteklasse können an der Dänischen Meisterschaft teilnehmen.

117. Rekorde können nur in Verbindung mit offiziellen Wettbewerben aufgestellt werden. Die Rekorde werden dem Kaninhop-Ausschuss von dem jeweiligen Richter mitgeteilt.

Titel:

118. Nur Mitglieder des Dänischen Kaninchenzüchterverbandes haben das Recht, ein Zertifikat, Championat oder andere Titel zu gewinnen.

119. Nur Kaninchen, die in der Eliteklasse sind, haben das Recht, ein Zertifikat, Championat oder anderen Titel zu gewinnen.

120. Das Zertifikat erhält der Sieger in der Eliteklasse gerade Bahn, Eliteklasse Parcours, Hochsprung und Weitsprung. Mindestens 10 Kaninchen müssen teilgenommen haben. In der gera-

den Bahn und im Parcours darf das gewinnende Kaninchen max. 4 Fehler im Durchschnitt pro Durchlauf haben. Im Hoch- bzw. Weitsprung muss die Gewinnerhöhe/Gewinnerlänge mindestens 60 cm bzw. mindestens 150 cm betragen. Damit ein Zertifikat herausgegeben werden kann, muss der Wettbewerb offen sein für sämtliche Mitglieder des Dänischen Kaninchenzüchterverbandes und in der Kaninchenzüchterzeitschrift veröffentlicht werden. Bei den Dänischen Meisterschaften werden die Zertifikate an die drei Bestplatzierten vergeben, auf die oben Stehendes zutrifft.

121. Zertifikate werden dem Kaninhop-Ausschuss von dem jeweiligen Veranstalter mitgeteilt. Die Prozedur für die Registrierung der Zertifikate wird von dem Kaninhop-Ausschuss mitgeteilt.

122. Kaninchen, die 3 Zertifikate in derselben Disziplin erworben haben, wovon eines auf einer Außenbahn (im Freien) erworben sein muss, erhalten den Championtitel und das Championdiplom. Pro Disziplin und Kaninchen kann nur ein Championtitel erteilt werden. Als Disziplinen kommen nur Elite gerade Bahn, Elite Parcours, Hochsprung und Weitsprung infrage. Die Buchstaben G, P, H und W bezeichnen, in welcher Disziplin das Kaninchen den Championtitel errungen hat.

123. Kaninchen, die in zwei Disziplinen einen Championtitel errungen haben, erhalten den Titel „Great Champion", für drei errungene Championtitel gibt es den Titel „Super Champion" und für vier errungene Titel wird man „Grand Champion".

124. Das Kaninchen, das im Laufe eines Kalenderjahres die meisten Zertifikate errungen hat, wird zum besten Hopkaninchen des Jahres ernannt. Bei einer gleichen Anzahl von Zertifikaten gewinnt das Kaninchen den Titel, das die meisten Zertifikate bei der Dänischen Meisterschaft errungen hat. Danach werden die meisten Zweitplatzierungen, Drittplatzierungen usw. gewertet. Als Anerkennung hierfür wird von dem Kaninhop-Ausschuss ein Diplom des Dänischen Kaninchenzüchterverbandes erteilt.

Dänische Meisterschaften:

125. Die Dänische Meisterschaft wird einmal im Jahr veranstaltet und es wird in jeder Disziplin ein Dänischer Meister ermittelt. Folgende Titel werden vergeben:
Dänischer Meister in der Elite gerade Bahn
Dänischer Meister in der Elite Parcours
Dänischer Meister im Hochsprung
Dänischer Meister im Weitsprung
Dänischer Meister insges. in gerader Bahn und Hochsprung
Dänischer Meister insgesamt im Parcours und Weitsprung

126. Darüber hinaus gibt es besondere Pokale als Anerkennung bei der Dänischen Meisterschaft. Diese Anerkennung ist dem Vorsitzenden des Kaninhop-Ausschusses mitzuteilen.

127. Die Pokale werden von dem Kaninhop-Ausschuss vergeben.

128. Einen Antrag auf die Austragung einer Dänischen Meisterschaft, Nordischen Meisterschaft oder Weltmeisterschaft soll mindestens 6 Monate vor dem Termin beim Kaninhop-Ausschuss gestellt werden.
Der Antrag muss enthalten:
Beschreibung der Örtlichkeit
Programmentwurf
Finanzierungsplan
Der Startpreis bei der Dänischen Meisterschaft beträgt maximal 30 dkr pro Start. Der Kaninhop-Ausschuss des Dänischen Kaninchenzüchterverbandes ist mitverantwortlich für die Dänische Meisterschaft und muss daher laufend informiert werden, damit er seine Hilfe in der Organisation zur Verfügung stellen kann. Die Verantwortung für die Durchführung der Meisterschaft liegt beim Veranstalter.

Kapitel 7

Mitwirkende bei Wettbewerben

Schiedsrichter:

129. Schiedsrichter müssen Mitglied des Dänischen Kaninchenzüchterverbandes sein, die vom Verband anerkannte Ausbildung gemacht und die Zulassung zum Richter durch den
Kaninhop-Ausschuss erhalten haben. Die Schiedsrichter müssen mindestens sechzehn Jahre alt sein, können aber die Ausbildung schon drei Monate früher beginnen.

130. Formulare für den Nachweis der Schiedsrichterausbildung
gibt der Kaninhop-Ausschuss aus.

131. Personen, die 14 Jahre alt und Mitglied in einem dänischen
Kaninchenzüchterverein sind, können einen Antrag an den
Kaninhop-Ausschuss auf Zulassung für das Durchlaufen der
anerkannten Ausbildung als Schiedsrichter stellen. Wird die
Ausbildung zugelassen, erhält die Person eine Junior-Schieds-
richter-Lizenz, mit der diese bei örtlichen Wettbewerben als
Schiedsrichter tätig sein darf.

132. Junior-Schiedsrichter können, wenn sie sechzehn Jahre alt
sind, einen Antrag auf eine allgemeine Schiedsrichterlizenz
beim Kaninhop-Ausschuss stellen, ohne eine weitere Ausbildung zu machen. Der Kaninhop-Ausschuss wird dem Antrag
stattgeben, es sei denn, dass besondere Ablehnungsgründe
vorliegen.

133. Der Kaninhop-Ausschuss kann jederzeit Bestimmungen für
die Schiedsrichterausbildung erlassen.

134. Beim Wettbewerb um die Dänische Meisterschaft sowie zu übrigen Meisterschaften oder zu anderen landesweiten Wettbewerben sollen zwei Schiedsrichter anwesend sein, einer ist dabei
der Hauptschiedsrichter. Bei allen übrigen Wettbewerben sollen
den Schiedsrichter ein bis zwei sachkundige Hilfsschiedsrichter
unterstützen.

135. Der oder die Schiedsrichter sollen die Bahnen vor Wettbewerbs-
beginn abnehmen. Der oder die Schiedsrichter sollen die Wett-
kampfbedingungen sowie die maximale Zeit vor dem Start mitteilen.

136. Der Schiedsrichter und die Hilfsschiedsrichter dürfen nicht an dem jeweiligen Wettbewerb teilnehmen.

137. Der Schiedsrichter hat dafür zu sorgen, dass das Ergebnis eines Laufes vor dem nächsten Lauf mitgeteilt wird.

138. Der Schiedsrichter soll dafür sorgen, dass

    a) die Ergebnisse in die Startbücher eingetragen werden

    b) der Veranstalter die Wettbewerbsergebnisse mindestens fünf Jahre aufbewahren kann

    c) die Zertifikate ausgeteilt und dem Kaninhop-Ausschuss mitgeteilt werden

    d) der Wettkampf nach den jeweils zugelassenen Regeln durchgeführt wird

Zeitnahme:

139. Bei manueller Zeitnahme beginnt die Zeit, wenn das Kaninchen über das Starthindernis springt, und endet, wenn das Kaninchen über das Zielhindernis springt. Eine elektronische Zeitnahme erfolgt immer zwischen eincr Start- und Zielschranke. Bei elektronischer Zeitnahme ist die Zeit außerdem noch manuell zu messen.

140. Zwei Zeitnahmeuhren sollen verwandt werden, wovon die eine Uhr als Hauptuhr und die andere zur Sicherheit mitläuft. Wenn außergewöhnlicher Unterschied zwischen den Uhren entsteht, wird mit der größtwahrscheinlichen Zeit gerechnet. Es wird gerechnet mit Hundertstelsekunden.

141. Die Zeitnehmeruhren dürfen nicht auf Null gestellt werden, bevor der Schiedsrichter dazu ein entsprechendes Zeichen gegeben hat.

142. Die Zeitnehmer dürfen während eines laufenden Wettbewerbs nicht ausgewechselt werden.

143. Wenn Hindernisse umgeweht werden oder Sonstiges eintritt, was den Begleiter oder das Kaninchen behindert, muss die Zeit gestoppt werden. Nach Wiederherstellung der Bahn sollen die Teilnehmer an jener Stelle weitermachen, an der die Zeit angehalten wurde. Eventuell kann auch neu gestartet werden. Die Entscheidung liegt beim Schiedsrichter.

144. Der Zeitnehmer soll 30 bzw. 10 Sekunden vor Ablauf der Maximalzeit dies bekannt geben.

Hindernisaufstellung:

145. Es ist anzustreben, dass zwei oder mehr Personen die Hindernisse wieder aufstellen.
146. Die Hindernisse dürfen erst aufgestellt werden, wenn der Schiedsrichter ein Zeichen zum Aufstellen gegeben hat.

Kapitel 8

Einführungs- und Übergangsbestimmungen

147. Die Regeln treten am 1. Januar 1999 in Kraft, gleichzeitig treten die Regeln vom 1. Juni 1996 einschließlich ihrer Änderungen außer Kraft.
148. Die Regeln sind für alle Kaninchen, Begleiter, Schiedsrichter und Veranstalter gültig, die nach dem 1. Januar 1999 bei einem Kaninhop-Wettbewerb teilnehmen wollen.
149. Kaninchen, die nach früheren Regeln gesprungen sind, behalten ihre Klassifizierung und behalten ihre Aufrückpunkte. Wenn sie nach dem 1. Januar 1999 an Wettbewerben teilnehmen, erwerben sie Aufrückpunkte nach den jetzt gültigen Regeln und werden ebenfalls automatisch aufrücken nach der Regel, dass zwischen der geraden Bahn und dem Parcours nur eine Klasse Unterschied sein darf.

Korrekturen:

150. Korrekturen sind in letzter Instanz eine Schiedsrichtereinschätzung in dem einzelnen Wettkampf. Für jede 3. Korrektur innerhalb eines Durchlaufs gibt es 1 Fehler. Allgemein kann man über Korrekturen sagen: Wenn der Begleiter mit Absicht sein Kaninchen vor einem Hindernis beeinflusst, eine bessere Position einzunehmen als die, in der das Kaninchen gerade steht, ist das eine Korrektur.
Das kann z. B. sein:
Der Begleiter nimmt sein Kaninchen vor dem Hindernis etwas zurück, sodass es einen besseren Absprung oder nochmaligen Anlauf erlangt.

Der Begleiter macht absichtlich vor dem Hindernis eine Volte (einen kleinen Kreis), weil das Kaninchen schräg ankommt, damit es einen besseren Anlauf bekommt.

Der Begleiter setzt sein Kaninchen an (wie beim Hochsprung) entweder mithilfe der Hände oder mithilfe der Leine.

Der Begleiter hält das Kaninchen deutlich vor dem Hindernis auf, um zu vermeiden, dass es die Latte herunterwirft.

Der Begleiter nimmt das Kaninchen zurück, nachdem es an einem Hindernis vorbeigelaufen ist oder nachdem es die Bahn verlassen wollte.

Das Ausscheidungsspringen:

Wie zu Anfang dieses Kapitels erläutert, haben wir bei den Dänen weitere Wettbewerbsmöglichkeiten kennen gelernt, die den Dänischen Kaninhop-Regeln nicht zu entnehmen sind. Das Ausscheidungsspringen gehört zu den Wettbewerben, die vielen sehr viel Spaß machen und bei denen der Begleiter auch so manche Überraschung erlebt, wie gut sein Kaninchen springt.

Teilnehmen können alle Kaninchen, unabhängig davon, in welcher Klasse sie sich befinden. Es gibt fünf Durchgänge. Nach jedem Durchgang werden die Hindernisse höher und vielleicht auch mehr. In die nächste Runde kommt das Kaninchen, das nicht mehr als 3 Fehler in der Runde gemacht hat.

Als Fehler zählen Sprungfehler, Zeitfehler und Korrekturfehler. Sprungfehler müssen nicht weiter erläutert werden. Die fehlerfreie Zeit beträgt in jeder Runde 1 Minute. Für eine Überschreitung der Zeit um bis zu 15 Sekunden wird ein Zeitfehler, für eine Überschreitung der Zeit um bis zu 30 Sekunden ein zweiter Zeitfehler gerechnet. Bei mehr als 30 Sekunden Zeitüberschreitung muss das Kaninchen ebenfalls ausscheiden.

In der ersten Runde sind 10 Hindernisse in einer geraden Bahn bis zu 10 cm hoch. In der zweiten Runde 11 Hindernisse bis 17 cm, in der dritten Runde 12 Hindernisse bis 24 cm, in der vierten Runde 13 Hindernisse bis 32 cm und in der fünften Runde 14 Hindernisse bis 40 cm hoch. Bis zur vierten Runde ist nur entscheidend, dass das Kaninchen in der jeweiligen Runde nicht mehr als drei

Fehler macht bzw. die Höchstzeit nicht überschreitet. Die Platzierung erfolgt in der fünften Runde, in der neben den Fehlern auch die Zeit notiert werden muss. Sieger ist das Kaninchen mit den wenigsten Fehlern. Bei Fehlergleichheit entscheidet die schnellere Zeit.

Hier kann es passieren, dass ein in der Leichten Klasse springendes Kaninchen mit einem Mal die vierte Runde übersteht. Dies dürfte ein Zeichen dafür sein, dass das Kaninchen in der Leichten Klasse unterfordert ist und eigentlich das Sprungtalent für die nächsthöhere Klasse hat.

Literaturnachweis

Hans Nachtsheim/Hans Stengel
3., neu bearbeitete Auflage, Blackwell Wissenschaftsverlag,
Berlin 1977

H. H. Sambraus/A. Steiger
Ferdinand Enke Verlag, Stuttgart 1977

Kaninhopregler
http://hjem.get2net.dk\Bjerner\reg\regler.html

Abbildungsnachweis

Abbildung Seite 27 und 40 Düsterhoff.

Alle übrigen Abbildungen stammen vom Autor.